STRUM & SING — Sara Bareilles

ISBN 978-1-60378-970-7

Visit our website at www.cherrylaneprint.com

Love Song

Words and Music by
Sara Bareilles

Gm   F/A   B♭sus2   C   Dm   C/E   F

D/F♯   D/A   G7   B♭   Am   A   C7

Intro

| Gm   F/A B♭sus2 | C   Dm | C/E   F | D/F♯   ‖

Verse 1

| Gm   F/A   B♭sus2 |
Head un - der wa - ter,
| C   Dm | C/E   F | D/F♯ |
And they tell   me to breathe eas - y for a while.
| Gm   F/A   B♭sus2 | C   Dm | C/E   F | D/F♯ |
The breathing   gets hard - er; even I   know   that.
| Gm   F/A   B♭sus2 | C   Dm |
Made room   for me.   It's too soon   to see
| C/E   F | D/F♯ |
If I'm hap - py in your hands.
| Gm   F/A   B♭sus2 | C   Dm | C/E   F | D/F♯   ‖
I'm unu - sual - ly   hard to hold on   to.

Pre-Chorus 1

| Gm |F/A |
Blank stares at   blank pages.
| B♭sus2 |C   D/A |
No easy way   to say this.
| Gm |F/A |B♭sus2 |
You mean well   but you make this hard   on me.

Chorus 1

B♭sus2   ‖Gm

I'm not gonna write you a love song

           |C |F/A

'Cause you ask   for it, 'cause you need   one.

        |B♭sus2   D/F♯ |Gm

You see,   I'm not gonna write   you a love song

       |C |F/A

'Cause you tell   me it's make or break - in' this.

         |B♭sus2   D/F♯ |Gm |F/A

If you're on   your way, I'm not gonna write you   to stay.

   |Dm |G7

If all you have is leavin', I'm gonna need a better reason

       |B♭sus2 |C

To write   you a love   song

     |Gm   F/A B♭sus2| C

Today,

      Dm| C/E F | D/F♯ ‖

To - day - ay.

Verse 2

Gm   F/A   B♭sus2|

I learned   the hard   way

C   Dm| C/E F | D/F♯ |

That they all   say   things   you want to hear.

Gm   F/A   B♭sus2| C   Dm | C/E F | D/F♯ |

My   heavy   heart sinks deep down un - der   you

Gm   F/A   B♭sus2| C   Dm| C/E

And your   twisted   words. Your   help just   hurts.

     F| D/F♯ |Gm   F/A

You are   not what I thought   you were.

     B♭sus2| C   Dm| C/E F | D/F♯ ‖

Hel - lo   to high   and   dry.

Pre-Chorus 2

Gm |F/A |

Convinced me   to please you.

B♭sus2 |C   D/A |

Made me think   that I need this,   too.

Gm |F/A |B♭sus2 |

I'm tryin'   to let you hear   me as I am.

Chorus 2

B♭sus2   ‖Gm
     I'm not gonna write you a love song
            |C |F/A
'Cause you ask   for it, 'cause you need   one.
       |B♭sus2   D/F♯ |Gm
You see,   I'm not gonna write   you a love song
            |C |F/A
'Cause you tell me it's make or break - in' this.
        |B♭sus2   D/F♯ |Gm |F/A
If you're on   your way, I'm not gonna write you to stay.
 |Dm |G7
If all you have is leavin', I'm gonna need a better reason
     |B♭ |C   ‖
To write you a love   song today.

Bridge

Dm |Am |
  Promise   me
B♭ |F   C/E |
  You'll leave the light on
Dm |Am |
  To help me see
B♭ |F   C |
  The daylight. My guide, come on.
Dm |A |
  'Cause I believe   there's a way
B♭ |C |
  You can love me, because I say

Chorus 3

          C   ‖Gm
      I won't write you a love   song

                  |C7 |F/A
'Cause you ask   for it, 'cause you need   one.

         |B♭sus2   D/F♯ |Gm
You see,   I'm not gonna write   you a love song

               |C7 |F/A
'Cause you tell   me it's make or break - in' this.

    |B♭sus2   D/F♯|Gm
Is that why you wanted a   love song,

                 |C |F/A
'Cause you ask   for it, 'cause you need   one?

         |B♭sus2   D/F♯ |Gm
You see,   I'm not gonna write   you a love song

                |C |F/A
'Cause you tell   me it's make or break - in' this.

          |B♭sus2   D/F♯ |Gm |F/A
If you're on   your way, I'm not gonna write you   to stay.

        |B♭ |C
If your heart is nowhere in it, I don't want it for a minute.

        |Dm |G7
Babe, I walk the seven seas when I be - lieve that there's a reason

    |B♭
To write you

      |C |Gm   F/A B♭sus2| C
A love   song   today,

     Dm | C/E F | D/F♯ |
To - day.

Gm   F/A B♭sus2| C   Dm | C/E |F   ‖

Vegas

Words and Music by
Sara Bareilles

(Capo 1st fret)

Am7   C/E   F   C   G/B   G

C/D   Dm7   D#°7   E   D/F#   Fm

Intro

Am7   C/E |F   C   G/B |

Am7   C/E |F   C   G/B ||

Verse 1

Am7   C/E |F   C   G/B |
    Gonna sell   my car and go to Vegas.

Am7   C/E |
    Somebody told me

F   C   G/B |
    That's where dreams   would be.

Am7   C/E |F   C   G/B |
    Gonna sell   my car and go to Vegas,   mm.

Am7   C/E |
    Finally see   my name on the

F   C   G/B ||
    Palace mar - quee.

Verse 2

```
Am7            C/E                       |
   Gonna quit    my job and move to
F       C      G/B      |
New York.   Yeah.
Am7            C/E              |
   'Cause some - body told me
F                      C              G/B   |
   That's where dream - ers should go.
Am7         C/E          |F        C    G/B   |
   I'm gonna    quit my job, move to New York,
Am7       C/E              |F        C    G/B   ||
   Tattoo my body with every Broadway show.
```

Chorus 1

```
G           C/E                          |F    C/D Dm7    |
   Listen up now, honey, you're gonna be sorry.
G                   C/E             |F           C
   You can't get out    from under a sky   that is fall - ing.
        G/B        |
And you     say:
F                              |
   No fame, no money, I'm nobody.
C/E                                    |D♯○7
   The way I'm running has sure got me down on my knees.
   |Dm7                   |Am7  C/E
But next stop, Vegas, please.
                     |F    C
I gotta get to Ve - gas.
            G/B         |Am7  C/E        |F    C    G/B   ||
Can you take me to Ve - gas?    Oh, yeah.
```

Verse 3

```
Am7              C/E                        |F      C      G/B      |
     Gonna sell    my house and cross the border
Am7                      C/E            |
     'Cause somebody told me dreams
F             C    G/B      |
   Live in Mex - ico.
Am7              C/E
   I'm gonna sell    my house.
          |F      C
I got to   lose   ten pounds
G/B              |Am7    C/E
And  cross  the border,
                         |F              C        G/B      ||
Make  sweet  love  upon    the  white sand - y  shore.
```

Chorus 2

```
G            C/E                        |F      C/D Dm7      |
     Listen up now, honey, you're gonna be sorry.
G                  C/E                |F              C
   You can't get out    from under a sky    that is fall - ing.
          G/B            |
And you      say:
F                                    |
   No fame, no money, I'm nobody.
C/E                              |D♯°7
     The way I'm running has sure got me down on my knees.
     |Dm7                      ||
But next stop, Vegas, please.
```

Bridge

  E
   It's always just around the corner
      |F
Or you're on your way to somewhere
   |G D/F♯
That is bigger or better…
 |F |
If you could only get there.
 E |F
 It's never your fault you can't start your own winning streak,
   |G   D/F♯ |Fm ||
But I'd hate to lose you to the fortune you seek.

Verse 4

Am7 C/E |F C   G/B |
 I'm gonna lose my mind and sail the o‑cean,
Am7   C/E |
 'Cause some‑body told me
F   C   G/B |
 There were cherry blue skies.
Am7   C/E |F C G/B |
 I'm gonna fix my mind with a final des‑tination
Am7   C/E |
 And have a deep sleep upon a sweet dream
F   C G/B ||
 I'll never realize, no…

Chorus 3

```
G              C/E                           |F      C/D  Dm7        |
    Listen up now, honey, you're gonna be   sorry.
G                    C/E               |
  You can't get out    from under a sky
F            C              G/B      |
  That is fall - ing. And you     say:
F                               |
  No fame, no money; I'm nobody.
C/E                               |
   The way I'm running has sure
D♯∘7
    Got me down on my knees.
   |Dm7                  |
But next stop,   ooh,
Am7       C/E    |F   C   G/B |Am7  C/E        |F    C
   Vegas, please.
        G/B           |Am7   C/E               |F      C
Can you take me to Ve - gas?    I need to see Vegas.
        G/B            |Am7    C/E              |F      C            ||
Can you take me to Ve - gas?    Yeah, yeah.
```

Bottle It Up

Words and Music by
Sara Bareilles

Am   E7   F   C   G/B   C+/G#

C/G   F#m7♭5   Dm   F+/C#   F/C   G

Verse 1

‖**Am** |**E7**
There'll be girls   across the nation that'll eat this up, babe.

 |**F** |**C**   **G/B**
I know   that it's your soul, but could you bottle it up

           |**Am** |**E7**
And get down   to the heart of it? No,   it's my heart;

           |**F** |**C**   **G/B**
You're shit out   of your luck. Don't make me tell you again,

       |**Am** |**E7**
My love,   love, love, love.

     |**F** |**C**   **G/B**
Love,   love, love, love.

Verse 2

‖**Am** |**E7**
I am aim - ing to be somebody this somebody trusts

         |**F** |**C**   **G/B**
With her del - icate soul. I don't claim   to know much

         |**Am** |**E7**
Except soon   as you start to make room   for the parts

         |**F** |**C**   **G/B**
That aren't you,   it gets harder to bloom   in a gar - den

         |**Am** |**E7**
Of love,   love, love, love.

      |**F** |**C**   **G/B**   ‖
Love,   love, love, love.

Pre-Chorus 1

Am |**C+/G♯**
Only thing I ever could need,

            |**C/G** |**F**
Only one   good thing worth trying to be,

Chorus 1

            ‖**C** |**G/B**
And it's love (love), love   (love),

      |**Am** |**F**
Love   (love), love (love).

                  |**C** |**G/B**
I do it for love (love), love   (love),

      |**Am** |**F**
Love   (love), love.

Verse 3

          ‖ **Am** | **E7**
We can un - derstand the sentiment you're saying to us.

        | **F** | **C**   **G/B**
Oh, but sensible sells, so could you kindly shut up

        | **Am** | **E7**
And get start - ed at keeping your part   of the bargain.

        | **F** | **C**   **G/B**
Aw, please, little darling, you're killing me sweetly

        | **Am** | **E7**
With love,   love, love, love.

   | **F** | **C**   **G/B**   ‖
Love,   love, love, love.

Repeat Pre-Chorus 1

Repeat Chorus 1

Bridge

          ‖ **Am**   **C+/G♯** |
Started as a flicker meant to be a flame.

C+/G♯ | **C/G**   **F♯m7♭5** |
  Skin has gotten thicker   but it burns the same.

F♯m7♭5 | **Dm** | **F+/C♯**
  Still a baby in a cradle; got to take my first fall.

            | **F/C**   **G** |
Baby's getting next to nowhere with her back a - gainst the wall.

           | **Am**   **C+/G♯** |
You meant to make me happy, make me sad.

C+/G♯ | **C/G**   **F♯m7♭5** |
  Want to make it better, better so bad.

F♯m7♭5 | **Dm**   **F+/C♯** |
  But save your reso - lutions for your never New   Year.

           | **F/C**   **G** | ‖
There is only one so - lution I can see here.

Pre-Chorus 2

```
Am                  |C+/G♯
Love, you're all I ever could need.
         |C/G                    |F
Only one      good thing worth trying to be,
```

Chorus 2

```
                    ‖C                 |G/B
And it's love   (only gonna get get), love (get what you give away),
    |Am                    |F
Love    (so give love), love   (love).
                    |C                    |G/B
I do it for love   (only gonna get get), love (get what you give away),
    |Am              |F            |
Love    (love), love.  Woh.
C                   |G/B                   |Am      |F
  Only gonna get, get what you give away.      Love.
    |C                    |G/B                        |Am      |F      ‖
Love   (only gonna get), love (get what you give away), love     (love).
```

14

One Sweet Love

Words and Music by
Sara Bareilles

D   Em7   Gsus2   C   G

A4   A   Bm   D/F#   Em

Verse 1

D   **|Em7**   **|**
Just about the time the shadows call,
Gsus2   **|D**   **|**
I undress my mind and dare you to follow.
D   **|Em7**   **|**
Paint a portrait of my mystery.
Gsus2   **|D**
Only close my eyes and you are here with me,

Pre-Chorus 1

||Em7
A nameless face to think I see,
 |Gsus2   **|D**   **|**
To sit and watch the waves with me till they're gone.
 |Em7   **|Gsus2**   **|**
A heart I'd swear I'd recognize is made out of my own devices.
C   **|G**
Could I be wrong?

Chorus 1

```
      ‖D              Em7    |Gsus2
The time that I've      taken
       |D          Em7  |Gsus2
I pray is not wasted.
         |D       Em7 |Gsus2
Have I already tasted      my piece
   |D   Em7        |Gsus2        ‖
Of one sweet love?
```

Verse 2

```
D                              |Em7                 |
  Sleepless nights you creep in  -  side of me.
Gsus2                       |D                |
     Paint your shadows on the breath that we share.
D                            |Em7        |
  You take more than just my    sanity;
Gsus2                      |D
     You take my reason not to  care.
  |Em7
No ordinary wings I'll need;
  |Gsus2               |D            |
The sky itself will carry me  back to you.
  |Em7                        |Gsus2           |
The things I dream that I can do. I'd open up the moon for you.
C                    |G
  Just come down soon.
```

Repeat Chorus 1

Chorus 2

    D   **Em7**   **|Gsus2**

Ready and waiting

    |D   **Em7**   **|Gsus2**

For a heart worth the breaking.

         |D   **Em7** **|Gsus2**

But I'd settle for an honest mis‑take in   the name

 |D **Em7**   **|Gsus2**   **||**

Of one sweet love.

Bridge

Asus4   **A**   **|Gsus2**

  Savor the sorrow to soft‑en the pain.

         |Bm   **|**

Sip on the south‑ern rain as I do.

Asus4   **A**   **|Em7**

  I don't look, don't touch, don't do an‑ything

         |Em D/F♯ **|G**

But hope that there is a you.

Pre-Chorus 2

    ||Em7

The earth that is the space between,

 |Gsus2   **|D**   **|**

I'd   banish it from under me to get to you.

 |Em7   **|Gsus2**   **|**

Your unexpected love provides my   solitary's suicide. Oh,

C   **|G**

 I wish I knew.

Chorus 3

‖D   Em7 |Gsus2

The time that I've   taken

|D   Em7 |Gsus2

I pray is not wasted.

|D   Em7 |Gsus2

Have I already tasted   my piece

|D   Em7 |Gsus2   ‖

Of one sweet love?

Repeat Chorus 2

D   Em7 |Gsus2 | ‖

One sweet love.

Come Round Soon

Words and Music by
Sara Bareilles

Cm   A♭   Cm(add9)   A♭6   B°7   Cmsus2/D   Cm/E♭   Cm/B♭   Am7♭5   G   B♭6

Cmsus2/B♭   Cm(add9)/B   E♭5   F5   Cm(maj7)/D   Fsus2   E♭/G   G7   G+   A♭maj7

Verse 1

Cm |A♭ |
I could use another cig - arette.

Cm |A♭ |
But don't worry, daddy, I'm not addicted yet.

Cm |A♭ |
One too many drinks tonight

      |Cm |A♭ ||
And I miss you, like you were mine.

Verse 2

Cm(add9) |A♭6   B°7 |
All your stormy words have barely broken.

Cm(add9) |A♭6   B°7 |
And you sound like thunder, though you've barely spoken.

Cm(add9) |A♭6   B°7 |
Oh, it looks like rain tonight, and thank God,

Cm(add9)   Cmsus2/D |Cm/E♭   Cm/B♭ Am7♭5 ||
'Cause a clear sky just wouldn't feel right.

Chorus 1

A♭   G |Cm   B♭6
He's taken and leaving, but I keep   believing

A♭   G |Cm   ‖
He's gonna come round soon.   (He'll come round soon, I know.)

Verse 3

Cm(add9) |A♭6   B°7
You may be   my final match.

Cm(add9) |A♭6   B°7
'Cause I chase everything when you play throw   and I play catch.

Cm(add9) |A♭6   B°7
Never took much to keep me satisfied.

      |Cm(add9)   Cmsus2/D
But all the bullshit you feed me, you miss me, you need me.

    |Cm/E♭   Cm/B♭ Am7♭5   ‖
This hungry heart will not sub - side.

Chorus 2

A♭   G |Cm   B♭6
He's taken and leaving,   but I keep   believing

A♭   G |Cm
He's gonna come round soon.

Cmsus2/B♭ |A♭   G
Until I see him a - gain, I'm staying believing,

Cm   B♭6 |A♭   G   B°7
That it won't be   deceiving,   when he's gonna come round…

Bridge

||Cm(add9)   Cm(add9)/B

Well, I may seem naive if I   cry as you leave

   |Eb5   F5

Like I'm   just one more tortured heart.

  |Cm(add9)   Cm(add9)/B

These cracks that I show as I'm watching you go

  |Eb5   F5

Aren't   tearing me apart.

 |Cmadd9   Cm(maj7)/D

I may seem naive if I   cry as you leave

   |Cm/Eb   Fsus2

Like I'm   just one more tortured heart.

  |Cm   Cmsus2/D

These cracks that I show as I'm watching you go

   |Cm/Eb   Fsus2 |

Aren't   tearing me a - part.

Ab   Eb/G |B°7 Cm(add9) Cmsus2/Bb |Ab

The angels said   I'd smile   today.

            |G7 ||

Well, who needs angels anyway?

Chorus 3

Ab   G |Cm   Bb6 |

He's taken and leaving,   but I keep   believing

Ab   G |Cm

He's gonna come round soon.

Cmsus2/Bb |Ab   G |

Until I see him a - gain, I'm staying, believing

Cm   Bb6 |Ab   G+ |Cm ||

That it won't be   deceiving, when he's gonna come round soon.

Repeat Chorus 3

21

Outro

Cm | |

    He's gonna come round soon. (He'll come round soon, I know.)

Cm | |

    He's gonna come round soon. (I can't believe that he's gone.)

A♭maj7 |

    (He'll come round soon, I know.)

Cm(add9) | ||

    I could use another cig - arette.

Morningside

Words and Music by
Sara Bareilles

(Capo 3rd fret)

A5   C5   D5   Am   Am/C   C   D9   Am7   C/G

Fmaj7   C/B   D#°7   Dm7   G/B   C/E   F   G   Fm/Ab

Intro   **A5**   **C5**   **D5** | |**A5**   **C5**   **D5** | ||

             A5   **C5**   **D5** |

Verse 1   I'm not scared of you now,

           |**A5** **C5** **D5** | |

          Or so I say.

          A5   **C5**   **D5** |

           There's no reason to run,

         |**A5**   **C5** **D5** | ||

         Al - though I may.

Verse 2

```
Am          Am/C  C    D9 |            |
    I'm not as sure  as I      seem;
Am          Am/C C   D9 |            |
This much I      know.
Am            Am/C         C          D9 |
    What does it    mean when you leave
     |Am     Am/C  C   D9 |
And I      fol - low?
```

Chorus 1

```
              ||Am7                    |C/G
I could try      to forget what you do
                     |Fmaj7
When I let you get through to me,
                  |C
But then you do it over again.
   C/B          |Am7
I could rage      like a fire
                |D♯°7
And you'd bring rain I desire
     |Dm7                        |C          ||
Till you get to me on my morningside.
```

Interlude

```
Am7  C        D9 |            |
Oh,      yeah,      yeah,
Am7  C      D9 |            ||
     Yeah.
```

24

Verse 3

       Am7   **C**   **D9** | |
I keep my distance, I tried;

Am7 **C**   **D9** | |
No use, no.

Am7   **C**   **D9** | |
But no matter the miles,

Am7 **C**   **D9** |
I'm back to you.

Repeat Chorus 1

Chorus 2

     C/B ||**Am7**
Let me down,   you say never;

        |**C/G**
Baby blues,   don't you ever.

   |**Fmaj7** |**C**
I'm used to being one with the mis - fortune to find

   C/B |**Am7**
Af - ternoons   run for cover

   |**D♯○7**
And   full moons just wonder

    |**Dm7** |**C** ||
What it looks like here on my morningside.

Bridge

Fmaj7

    Look back;

                                    |Am7

Don't you dare let me start   to do that.

                              |Fmaj7

I don't care if the things   that I have

                        |Am G/B C

Only make me afraid   to lose.

C |Fmaj7

I   need   to let go.

                        |Am7

Need to want to keep letting you know

                         |Fmaj7

That we both have a rea - son to follow.

              |Am   G/B C | C/E F | G Fm/A♭ |

Long as we let   this lead, I'm bare - ly breath - ing.

Chorus 3

      ‖Am7 |C/G

I try   to forget

         |Fmaj7

What you do to me,

               |C

But then you do it over again.

    C/B |Am7

I could rage

               |D♯°7

And you'd bring rain

     |Dm7 |C

Till you get to me on my morningside.

Repeat Chorus 2

Outro

Am7 | **D♯°7** |
  Woh (yeah),   woh (yeah),

Dm7 | **C**   **C/B** |
  Woh (yeah),   woh,   woh.

Am7 | **D♯°7** |
  Woh (yeah),   woh, woh (yeah),

Dm7 |
  Woh, woh (yeah).

C | **Am7 C**   **D9** | ||
  Yeah,   woh,   yeah.

Between the Lines

Words and Music by
Sara Bareilles

(Capo 6th fret)

C   Gadd4/B   Am7   Fmaj9/A   Fsus2   Am   Fmaj7   F

Intro   C |Gadd4/B |Am7 |Fmaj9/A   ‖

Verse 1
                 C
                 Time
                          |Gadd4/B
                 To tell me the truth,
                              |Am7
                 To burden your mouth   for what you say.
                          |Fmaj9/A
                 No pieces of pa   -   per in the way.
                              |C
                 'Cause I can't   continue
                          |Gadd4/B
                 Pretending to   choose
                              |Am7
                 These opposite sides   on which we fall.
                            |Fmaj9/A |
                 The loving you lat   -   ers, if at all.
                 Gadd4/B |**Fsus2**   ‖
                 No right minds could wrong   be this many times.

Verse 2

    C   **|Gadd4/B**
      My memory is   cruel.

                 |Am7
I'm queen of atten - tion to details,

            |Fmaj9/A
Defending inten   -   tions if he fails.

         |C
Until now

               |Gadd4/B
He told me her name.

            |Am7
It sounded famil - iar in a way.

             |Fmaj9/A
I could have sworn   I'd heard him say it

             |Gadd4/B
Ten thousand times,

        |Fsus2 ||
Oh, if only I had been listening.

Chorus 1

C   **|Fsus2** |
Leave unsaid, unspo - ken.

C   **|Fsus2** |
Eyes wide shut, uno - pened.

Gadd4/B |
You and me

Fsus2   **|C**
Always between the lines,

               |Gadd4/B
Between the lines.

Verse 3

        ‖**C**
I thought I,

            |**Gadd4/B**
Thought I was ready to bleed,

           |**Am7**
That we'd move from the shad - ows on the wall

         |**Fmaj9/A**
And stand in the cen - ter of it all.

      |**C**
Too late; two choices:

      |**Gadd4/B**
To stay   or to leave.

       |**Am7**
Mine was so eas - y to uncover.

        |**Fmaj9/A** |
He'd already left   with the other.

Gadd4/B |**Fsus2**   ‖
So I learned to listen through silence.

      C |**Fsus2** |
Chorus 2 Leave unsaid, unspo - ken.

      C |**Fsus2** |
        Eyes wide shut, uno - pened.

      Gadd4/B |
        You and me

      Fsus2 |
        Always be.

      Gadd4/B |
          You and me

      Fsus2   ‖
        Always be.

Bridge

Am |
   I tell myself

Fmaj7 |
All the words he surely meant to say.

Am7
   I'll talk until

 |**Fmaj7** |
The conversation doesn't stay on.

Gadd4/B
Wait for me,

  |**Fsus2** |
I'm almost ready,

Gadd4/B |**F** | ||
When he meant let go.

Chorus 3

C |**Fsus2** |
Leave unsaid, unspo - ken.

C |**Fsus2** |
Eyes wide shut, uno - pened.

Gadd4/B |
You and me

 Fsus2 |
Always be.

Gadd4/B |
   You and me

Fsus2 | |**C**
Always be - tween the lines.

      |**Gadd4/B**
Between the lines,

      |**Am7**
Between the lines.

 |**Fmaj9/A** ||
Mm.

31

Love on the Rocks

Words and Music by
Sara Bareilles and Javier Dunn

Amaj7 A6 Bm7 Bm7/E G D/F# A D E/G#

Dmaj7 D6 F#m7 F#m9 D/E D6/9 Dmaj13 Bm7add4 A/C#

Intro

| Amaj7 | A6 | Bm7 | Bm7/E | Amaj7 | A6 | Bm7 | Bm7/E |

Verse 1

Amaj7   A6 |Bm7   Bm7/E |
We met on a rain - y evening in the summertime.

Amaj7   A6 |Bm7   Bm7/E |
Don't think I need to tell you more.

Amaj7   A6 |Bm7
I needed a raise;   I worked so hard for this love   of mine,

        Bm7/E |
Love of mine.

Amaj7   A6 |Bm7   Bm7/E |
Still I got nothing to show   for it.

Verse 2

Amaj7   A6 |Bm7   Bm7/E |
Here's a simplifica - tion of everything we're going through.   Ooh.

Amaj7 A6 |Bm7   Bm7/E |
You plus me is bad   news.

Amaj7   A6 |Bm7   Bm7/E |
But you're a lovely crea - tion; I like to think that I am too.   Ooh.

Amaj7   A6 |Bm7   Bm7/E |
But my friends said   I look better without   you, yeah.

Pre-Chorus 1

G   D/F♯ |A |
I'm tongue - tied and twisted.

G   D/F♯ |D   E/G♯ ||
Go on, baby, and go to my head.

Chorus 1

Amaj7 |Dmaj7   D6
Babe (baby), baby, believe   me.

 |F♯m7   F♯m9 |D6
If I   stay,   it ain't gonna be eas - y.

   D/E |Amaj7
O - kay, we'll do it your   way (ay, ay).

         |Dmaj7   D6
But this is the last   time

     |F♯m7   E/G♯ |A D^6_9 |
You'll hear the beautiful sound of love coming down.

    |Amaj7   A6 |Bm7   Bm7/E ||
Love on the   rocks.

Verse 3

Amaj7   A6 |Bm7   Bm7/E |
You love the chase but hate me for the runaround.   Mm.

Amaj7   A6
And we both just tired of the whole thing.

 |Bm7   Bm7/E |
(Tired   of the whole thing.)   Oh,

Amaj7   A6
And you tell me what you want, you need,

 |Bm7   Bm7/E |
You know you have to have.

Amaj7   A6 |Bm7   Bm7/E ||
And I just pretend I'm listening.

33

Pre-Chorus 2

G	D/F♯	A

I'm too tired this time

G	D/F♯	D	E/G♯	

To deal with old   suits you wear; your ties that won't bind.

Chorus 2

Amaj7	Dmaj7	D6

Babe (baby), baby, believe   me.

F♯m7	F♯m9	D6

If I   stay,   it ain't gonna be eas - y.

D/E	Amaj7

O - kay, we'll do it your   way (ay, ay).

Dmaj7	D6

But this is the last   time

F♯m7	E/G♯	A	D$^6_9$		

You'll hear the beautiful sound of love coming down.

Bridge

F♯m9	Dmaj13	

Hot as hell, cold as ice.   Sip it slow 'cause it's so nice.

F♯m9	Dmaj13	

Dulls my senses, drives   my pain, but I do it again.

F♯m9	Dmaj13	

Burns a bit to the touch;   dangerous if it's too much.

Bm7add4	A/C♯	Dmaj13		

If this bottle could talk…   Love on the rocks.

Chorus 3

Amaj7 |Dmaj7   D6

(Babe, baby, baby, be - lieve me.)   Oh, woh.

F♯m7   F♯m9 |D6   D/E

    If I stay, it ain't gonna be eas - y. O - kay.

Amaj7 |Dmaj7   D6

    Baby, baby, baby, baby, you be - lieve me.

                |F♯m7   E/G♯

You'll hear the beautiful sound

   |A   D

Of love coming down.

City

Words and Music by
Sara Bareilles

Em   Cadd9   D4   D   A7sus4   G   D/F#   C

Em7   A4   A   Am9   C/E   G4/F   G/D   Bm/D

Intro

Em Cadd9 |Dsus4 D A7sus4 |Em Cadd9 |Dsus4 A7sus4

Verse 1

‖Em   Cadd9 |Dsus4   A7sus4
There's a har - vest   each   Saturday night

|Em   Cadd9 |Dsus4   D   A7sus4 |
At the bars   filled with perfume   and hitch - ing a ride;

Em   Cadd9 |Dsus4 D   A7sus4
A place   you can stand for one   night

|Em Cadd9 |Dsus4 D   A7sus4
And get gone.

Verse 2

‖Em   Cadd9 |Dsus4   D   A7sus4
And it's clear   this con - versation   ain't doing a thing,

|Em   Cadd9 |Dsus4   D A7sus4 |
'Cause these boys on   - ly listen to me   when I sing.

Em   Cadd9 |Dsus4   D   A7sus4
And I   don't feel like sing - ing to - night

|Cadd9 |
All the same songs.

Chorus 1

‖G D/F♯ |C
Here in these   deep city lights,

|G D/F♯ |C
Girl could get lost   tonight.

|G   D/F♯ |
I'm finding every rea - son to be gone.

Em7   Dsus4 |Asus4 A
   There's nothing here   to hold on to.

|Cadd9 |Em Cadd9 |
Could I hold you?

Dsus4 D A7sus4 |Em Cadd9 |Dsus4 D A7sus4   ‖

Verse 3

Em   Cadd9 |Dsus4 D A7sus4
   The situ - ation's always the same.

        |Em   Cadd9
You got your wolves in their clothes

        |Dsus4 D A7sus4 |
Whispering Hol - ly - wood's name,

Em   Cadd9 |Dsus4 D A7sus4
   Stealing   gold from the silver they   see.

        |Cadd9 |
But it's not   me.

Chorus 2

‖G D/F♯ |C
Here in these   deep city lights,

|G D/F♯ |C
Girl could get lost   tonight.

|G   D/F♯ |
I'm finding every rea - son to be gone.

Em7   Dsus4 |Asus4   A
   There's nothing here to hold on to.

        |Cadd9   ‖
Could I hold you?

Bridge

Am9 C/E |Gsus4/F
  Call - ing out, "Some - body save me."

G/D |Am9   C/E |
I feel like I'm fading away.

Gsus4/F   G/D |
  Am I gone?

Am9 C/E |Gsus4/F
  Call - ing out, "Some - body save me."

G/D |Am9   C/E |Gsus4/F | ||
I feel like I'm fading.

Interlude

G D/F♯ |C |G D/F♯ |C |G D/F♯ |Em Bm/D |
                               Mm.

A Asus4 A |C |A Asus4 A |C ||
No, no, no. No, no, no. No, no, no, no.

Chorus 3

G D/F♯ |C
   Deep city lights.

     |G D/F♯ |C
Girl could get lost tonight.

     |G   D/F♯ |
I'm finding every rea - son to be gone

Em7   Dsus4 |Asus4   A |C
And there's nothing here to hold on to.

     |Asus4 A |Cadd9 |
Could I hold   on to

Em Cadd9 |Dsus4 D A7sus4 |Em Cadd9 |Dsus4 D A7sus4 ||
 You?

Many the Miles

Words and Music by
Sara Bareilles

(Capo 3rd fret)

G   C/E   Am7   C   F   G/B   Em   G5   E5   A5   C5   Am7add4

Intro   G   C/E |Am7   C |G   C/E |Am7   C ||

Verse 1

G   C/E |Am7   C

There's too many things that I haven't done   yet.

                 |G   C/E

There's too many   sunsets

|Am7   C |

I   haven't seen.

G   C/E |Am7   C

You can't waste the day wishing it'd slow   down.

                |G   C

You would have thought by now

|Am7 C ||

I'd have learned   something.

Interlude 1   G   C/E |Am7   C |G   C/E |Am7   C ||

Verse 2

```
G          C/E                                    |Am7    C
    I made up my mind when I was a young     girl,
             |G           C/E
I've been given this   one world;
        |Am7         C           |
I won't worry it a - way, no.
G               C/E                        |Am7    C
    But now and again I lose sight of the good      life.
                       |G      C/E
I get stuck in a low   light,
           |F      C/E            ||
But then  Love     comes in.
```


Chorus 1

```
G            C/E            |F          C/E
How far do I have to go to get to you?
                 |G        C/E
Many the miles,
                 |Am7      C
Many the miles.
       |G           C/E              |F          C/E
Oh, oh. How far do I have to go to get to you?
                 |G  G/B
Many the miles,      woo.
                 |C                 |G        C/E    |Am7       C
But send me the miles and I'll be   happy to
           |G      C/E      |Am7    C           ||
Follow you,   Love.
```

Verse 3

```
   G      Em                     |Am7    C
   I  do what I  can wherever I  end up
                        |G        C/E
To  keep giving  my  good love
   |Am7                C                      |
And      spreading it a - round, yeah, yeah, yeah.
   G           C/E                     |Am7          C
   'Cause I've had  my  fair share of take    care and good - byes.
     |G           C/E
I've  learned how to    cry
            |F          C/E
And  I'm  better for    that.
```


Chorus 2

```
     ||G          C/E       |F                 C/E
   Sing: How far do I  have to  go to  get to you?
                   |G        C/E
Many the  miles,
                 |Am7     C
Many the  miles.
       |G           C/E              |F         C/E
Oh,  oh. How far do I  have to  go to  get to you?
                 |G  G/B
Many the  miles,     woo.
               |C                           ||
But send me the  miles and I'll be happy to...
```


Interlude 1

```
       G      Em        |Am7   C        |G    C/E        |Am7   C            |
                    Yeah.
       G      Em        |Am7   C        |G    Em         |F        C/E       ||
```

Verse 4

G5 E5 |A5   C5
    Red letter day;   I'm in a blue mood,

G5   E5 |A5   C5
Wishing that blue would just   carry me a - way.

     |G   C/E
I've been talking to God. Don't know if it's helping or not,

Am7   C
    But surely something has got to,

 |G   C/E
Got to, got to give

       |F   C/E
'Cause I can't keep waiting to live.

Chorus 3

N.C.
How far do I have to go to get to you?

Many the miles,

Many the miles.

Oh, oh. How far do I have to go to get to you?

          | G/B
Many the miles,   woo.

         |C
But send me the miles and I'll be happy to...

Chorus 4

```
G            C/E              |F           C/E
How far do I have to go to get to you?
               |G          C/E
Many the miles,
               |Am7      C                 |
Many the miles.          Oh, yeah, yeah.
G            C/E              |F           C/E
How far do I have to go to get to you?
               |G          C/E
Many the miles,
               |Am7       C          ||
Many the miles.
```

Chorus 5

```
G            C/E              |F           C/E
How far do I have to go to get to you?
               |G          C/E
Many the miles,
               |Am7       C          |
Many the miles.
G            C/E              |F           C/E
How far do I have to go to get to you?
               |G  G/B
Many the miles.
               |C              |G          C/E   |Am7      C
Send me the miles and I'll be happy to
               |G    C/E        |Am7    C          |
Follow you,   Love.
G            C/E                          |Am7      C
   There's too many things I haven't done      yet.
               |G      C/E  |Am7add4                  ||
There's too many sunsets    I           haven't seen.
```

Fairytale

Words and Music by
Sara Bareilles

(Capo 1st fret)

G   Dm7   F   Am   C/E   E   G/B   C   D

Intro

| G | |Dm7 | |F | |Am | |

| G | |Dm7 | |F   C/E   F | | ‖

Verse 1

G |Dm7
   Cinderella's on her bedroom floor.

|F |Am |
She's got a   crush on the guy at the liquor store.

G |Dm7
   'Cause Mr. Charming don't come home anymore,

|F   C/E   F | ‖
And she for - gets why she came here.

Verse 2

G |Dm7
   Sleeping Beauty's in a foul   mood.

|F |Am |
For shame, she says, "None for you, dear prince; I'm tired today.

G |Dm7
   I'd rather sleep my whole   life away

|F   C/E   F |
Than have you keep me from dream - ing."

Chorus 1

```
       ‖F    E       |Am  G/B      |F    E        |Am   G/B
'Cause I  don't care    for your fair-y tales.
              |F              E                  |Am              G/B
You're so worried 'bout the maiden, though you know she's only waiting
       |F    E     |Am   G/B    |C
On  the next best thing.
         D            |Am   G/B    |C     D        ‖
Next   best thing.
```

Verse 3

```
      G                        |Dm7
   Snow White is doing dishes again
           |F                              |Am              |
'Cause what else can you do with seven itty bitty men?
      G                          |Dm7
   Sends them to bed and she calls up a friend;
                      |F              C/E    F |
Says, "Would you  meet me  at mid-night?"
```

Verse 4

```
      ‖G                     |Dm7
Oh.    The tall blonde lets out a cry of despair; says,
              |F                    |Am                      |
"Would have cut it myself if I knew men could climb hair.
      G                    |Dm7
   I'll have to find another tower somewhere
              |F              C/E    F |
And  keep a-way from the win-dows.
```

Repeat Chorus 1

Bridge 1

```
      ‖Am       G/B     |C           D
Once      upon  a  time  in  a  faraway  king-dom,
      |Am        G/B            |C            D
Man    made  up  a  story,  said  that  I  should  believe   him.
      |Am         G/B             |C          D
Go    and  tell  your  white  knight  that  he's  handsome  in  hindsight,
       |F                    C/E  F     |
But  I  don't  want  the  next  best  thing.
```

Bridge 2

```
            ‖Am   G/B |C          D
So  I  sing  and  hold    my   head  down
                  |Am  G/B |C           D
And  I  break        these  walls  'round   me.
       |Am      G/B       |C       D
Can't    take  no  more
        |F          C/E      F  |              ‖
Of  your  fairy  tale  love.
```

46

Chorus 2

```
          F    E           |Am  G/B          |F    E      |Am   G/B
          I      don't care         for your fair - y tales.
                         |F                E             |Am           G/B
          You're so worried 'bout the maiden, though you know she's only waiting
                      |F    E       |Am   G/B      ||
          On the next best thing.
```

Chorus 3

```
          F   E            |Am   G/B         |
          I  don't care.
          F   E            |Am   G/B
          I  don't care.
                   |F                E                    |Am           G/B
          You worry 'bout the maiden, though you know she's on - ly waiting.
                       |C              D
          Spent her whole life be - ing graded on
              |Am          G/B            |C              D
          The sanctity of patience and a dumb appreci - ation.
                   |Am          G/B            |C              D
          But the story needs some mending and a better happy ending,
                   |F                       C/E  F     |
          'Cause I don't want the next best thing.
                   |F              E     |Am              ||
          No, no, I don't want the next best thing.
```

Gravity

Words and Music by
Sara Bareilles

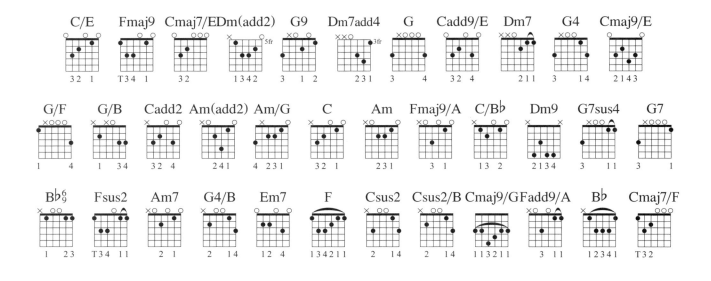

Intro   **C/E Fmaj9** | |**C/E Fmaj9** | ||

Dm(add2) |**G9** |

Verse 1   Something always brings me back to you;

C/E |**Cmaj7/E** **Fmaj9** |

It never takes   too long.

Dm7add4 |**G**

No matter what I say or do,

|**Cadd9/E** |**Cmaj7/E** **Fmaj9** | ||

I'll still feel you here till the moment I'm   gone.

Verse 2

Dm7 |Gsus4   G9 |

You hold me with - out touch.

Cmaj9/E |Cmaj7/E Fmaj9 |

You keep me without   chains.

Dm7add4 |G/F

I never wanted anything   so much

       |Cadd9/E

Than to drown in your love

     |Cmaj7/E   Fmaj9 |Cmaj7/E   Fmaj9

And not feel your   rain.

Chorus 1

     ‖Dm7add4 |G/B

Set me free, leave   me be.

          |Cadd2   G/B |Am(add2)   Am/G

I don't wanna fall anoth - er moment into your   gravity.

     |Dm7add4 |G/B |C

Here I am and I stand   so tall,

G/B |Am   Am/G

Just the way I'm   supposed to be.

     |Fmaj9/A |C/B♭ |

But you're on to me and all over me.

Verse 3

    ‖Dm9 |G7sus4 G7 |

Oh,   you loved me 'cause I'm fragile.

C/E   Cmaj7/E | Fmaj9 |

When I thought   that I was strong.

Dm7add4 |G7 |

But you touch me for   a little while

Cmaj7/E | Fmaj9 |Cmaj7/E Fmaj9

And all my fragile strength is gone.

Chorus 2

‖Dm7add4　　　|G/B

Set me free, leave　　me be.

　　　　　　　|Cadd2　　　G/B　　　　　　　|Am(add2)　　　Am/G

I don't want to fall anoth - er moment into your　　　　　gravity.

　　　　|Dm7add4　　　|G/B　　　|C

Here I am and I stand　　so tall,

G/B　　　　　　|Am　　　　　Am/G

Just the way I'm　　supposed to be.

　　　　|Fmaj9/A　　　|B♭⁶₉　　　|　　　　　‖

But you're on to me and all over me.

Bridge

Fsus2　　　　　Gsus4　　　　　　G　|Am7　Gsus4/B　　　　　　　G/B

　　I live here　　on my knees as I　　try　　　to make you see

　　　　　|Fsus2　　　　Gsus4　　　G　|Am7　　　G/B　　|

That you're　　everything I think I need　here on the ground.

Fsus2　　　　　　　G/B

　　But you're nei - ther friend nor foe,

　　　|Em7　　　　　Am7　　　　　|

Though I　can't seem　to let you go.

Dm7　　　　　　　Em7　　　　　　　　　　|F　　　N.C.

　　The one thing that I still know is that you're keeping me

Outro

　　　‖N.C.　　　　|Dm7add4　　G7　|G/B

Down.

　　|Csus2　Csus2/B　　|Am(add2)

Woo.

　　　　　|Dm7add4　|G/B　　|C　　Csus2/B　|Am　　Cmaj9/G

You're keeping me down.

　　|Fadd9/A　　　　　　|C/B♭　B♭　　|　　　|

You're on to me, on to me and all　　o - ver...

Dm7add4　　　　　　　|G　　　|

　　Something always brings me back to you;

Cadd9/E　　　　|Cmaj7/E　Fmaj9　|Cmaj7/F　Fmaj9　　‖

　　It never takes　　too long.

Uncharted

Words and Music by
Sara Bareilles

(Capo 1st fret)

F   C   G4   Am   B♭   F/A   G/B

Dm   G7   E/G♯   D   E7   C/E

Intro

F   C |Gsus4   Am |F   C |Gsus4   Am   ‖
              Ah,   mm.

Verse 1

F   C
No words;

|Gsus4   Am
My tears won't make any room for more,

 |F   C
And it   don't hurt

 |Gsus4   Am
Like anything I've ever felt before.

 |F   C
This is   no bro - ken heart,

 |Gsus4   Am |F   C |Gsus4   Am   ‖
No fa - mil - iar scars. This territory goes un - charted.

Verse 2

      F   **C**
Just me
  |**Gsus4**   **Am**
In a room sunk down in a house in a town,
    |**F**   **C**
And I don't breathe,
    |**Gsus4**   **Am**
Though I never meant to let it get away from me.
   |**F**   **C**
Now I've too much to hold.
      |**Gsus4**   **Am**
Everybody has to   get their hands on gold.
     |**F** **C** |**Gsus4 Am** ||
And I want un - charted.

Pre-Chorus 1

  B♭ |**F/A**   **G/B**
Stuck under the ceiling I made, I can't help the feeling

Chorus

    ||**C**
I'm go - ing down.
Am| **F** |
Fol - low if you want. I won't just hang around
      Dm | **G7**
Like you'll show me where to go.
     |**C**
I'm alread - y out
Am| **F** | **Dm** |
Of foolproof ideas, so don't ask me how to get start - ed.
  G7 ||
It's all uncharted.

Interlude

F **C** |**Gsus4 Am** |**F** **C** |**Gsus4 Am** ||
    La, la, la, la, ah,   oh.

Verse 3

```
           F           C
           Each  day
            |G                        Am
I'm  counting  up  the  minutes  till  I  get  alone,
                     |F     C
'Cause  I  can't    stay
             |G              Am
In  the  middle  of  it  all.  It's  nobody's  fault,
              |F    C
But  I'm    so  low;
                          |G      Am
Never  knew  how  much  I    didn't  know.
                   |F    C          |G    Am
Oh,  everything  is    un - charted.
```

Pre-Chorus 2

```
            ||B♭                          |F/A      G/B
I  know  I'm  getting  nowhere  when  I  only  sit  and  stare  like
```

Repeat Chorus

Bridge

```
        Am                      |E/G♯
        Jump start my ka - leidoscope heart.
        |G                           |D
I love to watch the colors fade.
                      |F
They may not   make sense,
                |E7                    |
But they sure as hell made me.
        Am                   |E/G♯
        I won't go as a passenger, no,
        |G                        |D
Wait - ing for the road to be   laid.
                   |F                   |
Though I may  be going down,
C/E                        |F              |E7          ||
        I'll take in flame   over burning out.
```

Verse 4

```
        F          C
        Compare
              |Gsus4                      Am
Where you are to where you want to be.
                          |F      C    G |N.C.
And you'll get   nowhere.
```

Repeat Chorus (2x)

Outro

```
        F    C    |G    Am    |F    C    |G    Am    ||
              La, la,   la, ah.
```

54

Gonna Get Over You

Words and Music by
Sara Bareilles and Sam Farrar

C   Am   B♭sus2   F   G4   G   C/E

Am7   Fsus2   Dm7(sus4)   Fm6   A♭   G7sus4   G7

Intro   C | | |

Verse 1

‖C
"Good - bye."

|C |
Should be say - ing that to you by now, shouldn't   I?

|C |Am |
Lay - ing down the law that I live   by.

|C |
Well, maybe next   time.

Verse 2

‖C
I've got a thick   tongue,

|C |
Brim - ming with the words that go un - sung.

|C |Am |
I sim - mer then the burn   for a someone,

|B♭sus2 |
The wrong   one.

Pre-Chorus 1

```
         ‖F              |                    |Gsus4      G |
And I tell    myself to let    the story end,          oh,
                    |C/E            |                   |Am        |
That my heart    will rest in  someone else's hand.
                |F            |              |Gsus4      |
But my "why   not me?" phi-losophy began.
G                    ‖
   And I said…
```

Chorus 1

```
C                |                          |Am7        |
   Ooh, how'm  I gonna get over you?
            |Fsus2      |Dm7sus4
I'll be all        right,
            |Gsus4       |              |C
Just not      tonight,  but someday.
   |C                         |Am7        |
Oh,  I wish you'd want me to stay.
            |Fsus2      |Dm7sus4
I'll be all        right,
            |Gsus4      |          |C        |
Just not      tonight,  but some - day.
```

Verse 3

```
         ‖C
"May - be."
      |C                                 |
Is a vi - cious little word that can slay  me,
   |C                    |Am        |        |
Keep  me where I'm hurting.    You make me
C                        |
Hang from your hands.
```

Verse 4

    ‖**C**
But no   more;
         |**C** |
I won't beg to buy a shot at your back door.
         |**C** |**Am** |
If I'm ach - ing at the thought of you,   what for?
        |**B♭sus2** |
That's not me anymore.

Pre-Chorus 2

           ‖**Fsus2** | |**Gsus4**   **G**|
And I'm not   the girl that I intend to be.
       |**C/E** | |**Am7** |
But I dare   you darling; just you wait and see.
     |**Fsus2** | |**Gsus4** |
But this   time not for you, but just for me.
G   ‖
  I said…

Chorus 2

C | |**Am7** |
  Ooh, how'm I gonna get over you?
       |**Fsus2** |**Dm7sus4**
I'll be all   right,
     |**Gsus4** | |**C**
Just not   tonight, but someday.
 |**C** |**Am7** |
Oh, I wish you'd want me to stay.
      |**Fsus2** |**Dm7sus4**
I'll be all   right,
     |**Gsus4** | ‖
Just not   tonight, but someday.

Bridge 1

Fm6 | |
      Say it's coming soon,

C | |
      Someday without you.

Am |
  All I can do

|Ab |G |
Is get me past the ghost of you.

Fm6 | |C
     Wave goodbye to me;

|C |
I won't say I'm sorry.

Am | |
  I'll be al - right

Ab |G ||
Once I find the other side of

Interlude

C | |Am |
    Someday. Oh, oh,

|F | |Gsus4 G |
Woh, oh, oh, oh,

|C | |Am |
Woh, ooh, woh. (Woh, oh.)

|F | |G7sus4 G7 | ||
Woh, oh. (Woh, oh.) Woh. (Woh.) Ah...

Repeat Chorus 1

C | ||

58

Hold My Heart

Words and Music by
Sara Bareilles

D   A   E   F#m   A/E   B/D#   E/G#   Asus2

B4   B   B/A   Aadd2   C#m   A6   E/D

Intro

| D | A | E | | D | A | E | ‖

Verse 1

      D   A |E
I never meant to be the one to let you down.
             |D   A |E |
If anything, I thought I saw myself going first.
D   A |E |
I didn't know how to stick around,
F#m   A/E |B/D#   ‖
How to see anybody but me be getting hurt.

Verse 2

      D   A |E
I keep remembering the summer night
            |D   A |E |
And the con - versation breaking up the mood.
D   A |E
I didn't want to tell you you were right,
            |F#m   A/E |B/D#
Like the sea - son changing; oh, I felt it too.

Chorus 1

```
                ‖E
Does anybody know
                 |E/G♯
How to hold     my heart,
                |Asus2
How to hold        my heart,
                              |Bsus4                B
'Cause I don't want to let       go, let go, let go  too soon.
                |E
I want to tell you so
                  |E/G♯
Before the sun      goes dark,
                |Asus2
How to hold        my heart,
                              |Bsus4                B          ‖
'Cause I don't want to let       go, let go, let go   of you.
```

Interlude   D   A |E |D   A |E   ‖

Verse 3

```
        D    A                          |E
         I'm not the kind to try to tell you lies,
                        |D        A         |E              |
But the truth  is you've been  hiding from it, too.
D              A                          |E              |
  I see the end   sneaking in behind your eyes,
F♯m              A/E              |B/D♯
    Saying things    no words could ever do.
```

Repeat Chorus 1

Bridge

A B/A A B/A |E B |E |Aadd2
                              Is anybody listening?

          |A B/A   A |E/G♯ B
'Cause I'm cry - ing.   Oh.

                  |C♯m |A6 |E |Bsus4 B
Is anybody listening?

Repeat Chorus 1

Chorus 2

      ‖E
Does anybody know

         |E/G♯
How to hold   my heart,

          |Asus2
How to hold   my heart,

                     |Bsus4   B
'Cause I don't want to let go,   let go, let go too soon.

      |E
I want to tell you so

         |E/G♯
Before the sun   goes dark,

        |E/D   D
How to hold   my heart,

                 |C♯m   B
'Cause I don't want to let   go, let go, let go.

           |Asus2   Bsus4 |D A   E |
I don't want to let go, let go   of you.

   A |D A |E   ‖
I don't want to let go.

King of Anything

Words and Music by
Sara Bareilles

(Capo 1st fret)

C Dm Am Fsus2 G4 G Dm7 F5 C/E Gadd4

Intro

    C   **Dm**| **Am**|
Oh , oh, oh, oh,   oh , oh, oh, oh,

Am   **Fsus2**| **Gsus4** **G** ||
Oh , oh, oh, oh,   oh , oh, oh,   oh.

Verse 1

    C   **Dm** | **Am**|
    Keep drinking coffee, stare me down across the table

Am   **Fsus2**| **G** |
    While I look out - side.

    C   **Dm**|
    So many things I'd say if   only I were able,

Am | **Fsus2**| **Gsus4** **G** ||
But I just keep quiet and count the   cars that pass   by.

Verse 2

    C   **Dm**| **Am**|
    You've got opinions, man;   we're all entitled to 'em,

Am   **Fsus2**| **G**
    But I never asked.

        |**C**   **Dm** | **Am**|
So let me thank you for your time, and try not to waste any more of mine;

Am   **Fsus2**| **G**
    Get out of here fast.

Pre-Chorus

‖**Dm7**   **F5** |

I hate to break it to you, babe,

              |**Am**

But I'm not drown - ing.

     |**Gsus4**   **G**   ‖

There's no one here to save.

Chorus 1

Am   **Fsus2**| **C** |

Who cares if you dis - agree? You are not me.

          Gsus4| **G**

Who made you King   of Anything?

 |**Am**   **Fsus2**|

So you dare tell me who   to be?

     |**C/E**   **Gsus4**| **G** |

Who died   and made you King   of An - ything?

C   **Dm**| **Am**| **Fsus2**| **G**   ‖

             Oh.

Verse 3

C   **Dm**| **Am**|

 You sound so innocent,   all full of good intent;

Am   **Fsus2**| **G** |

 Swear you know best.

C   **Dm**|

 But you expect me to   jump up on board with you

Am | **Fsus2**| **Gsus4 G** ‖

And ride off into your de - lusional sun - set.

Verse 4

```
        C                        Dm|                         Am|
    I'm not the one who's lost      with no direction, oh,
    Am              Fsus2|     Gsus4
      But you'll never see.
    G       |C                    Dm|                          Am|
    You're so busy making maps with my name on them in all caps.
    Am                        Fsus2|            Gsus4 G  ||
      You got the talking down,       just not the listen - ing.
```

Chorus 2

```
    Am              Fsus2|                C   |
    Who cares if you dis - agree? You are not  me.
                    Gsus4|            G
    Who made you King    of Anything?
      |Am              Fsus2|
    So you dare tell me who   to be?
          |C/E           Gsus4|              |G
    Who died     and made you King   of Anything?
```

Bridge

```
          ||Gsus4           |Dm7
    All my       life I've tried
              |Am                      |F5
    To make everybody happy while I
              |Gsus4          |Dm7
    Just hurt        and hide,
              |Dm7          C/E       F5 |    Gsus4              ||
    Waiting for someone to tell me it's my  turn        to decide.
```

Interlude

```
        C              Dm |            Am |
    Oh , oh, oh, oh,     oh , oh, oh, oh,
    Am              Fsus2|      Gsus4 G  ||
    Oh , oh, oh, oh,      oh , oh, oh,    oh.
```

64

Chorus 3

    Am   **Fsus2**| **C** |
Who cares if you dis - agree? You are not me.

             Gsus4| **G**
Who made you King   of Anything?

 |**Am**   **Fsus2**|
So you dare tell me who   to be?

    C | **Gsus4**|
Who died   and made you King   of Anything?

Chorus 4

G ‖**Am**   **Fsus2**| **C** |
Oh, who cares if you dis - agree? You are not me.

            Gsus4| **G**
Who made you King   of Anything?

 |**Am**   **Fsus2**|
So you dare tell me who   to be?

  |**C/E**   **Gsus4**| |**G**   ‖
Who died   and made you King   of Anything?

Outro

C   **Dm**| **Am** | **Fsus2**|
          Let me hold your crown, babe.

G |**C**   **Dm**| **Am**| **Fsus2**| **G Gadd4** ‖
Oh, oh, ooh,   ah.

Say You're Sorry

Words and Music by
Sara Bareilles

E   E4   C#m7   Asus2   B7   F#m   F#m7   B   Dsus2

Intro

    E   **Esus4**
(Say you're sorry.) Won't you please… (Say you're sorry.)

    E   **Esus4**
(Say you're sorry.) Ra da dum   da.

Verse 1

    E   **C#m7**   **Asus2**
    Circus of si - lence down at our feet.

       B7   **E**
Paper cut ti - gers starting to bleed.

         C#m7   **Asus2**
Hang from your   tight - rope above the mess.

        B7   **F#m**
Just say you're sor - ry, no more, no less.

       B7   **E**
Words you won't use, you don't feel them like

  C#m7
I do.   (I do, I do.)

Asus2   **B7**
Show will be over soon.

Chorus 1

       ‖**E** |**C♯m7**

It's not the curtain closing causing us to call it a day.

          |**F♯m7**

I want to walk away   too,

         |**B7** |

But I want you to say you are sorry.

E |**C♯m7**

 I'm not the one who went and made a mistake.

        |**F♯m7**|

I want to walk away   too,

       |**B7** |

But I want you to say you are sorry.

E |**C♯m7**

(Say you're sorry.) Sor - ry. (Say you're sorry.)

  |**F♯m7** |**B7**   ‖

Sor - ry. (Say you're sorry.) Sor - ry.

Verse 2

E   **C♯m7**| |**Asus2**

 I used to be - lieve that the storybook's true.

      B7 | |**E**

Now I don't need it, at least not with you.

     C♯m7| |**Asus2**

So if you see him, the man 'neath the mask,

      B7 | |**F♯m**

Tell him I'm leav - ing and not looking back.

      B7 | |**E**

Words are no use; you don't need them like

 C♯m7| |

I do, ooh.

Asus2   **B7** |

Show will be over soon.

Chorus 2

‖ **E** | **C♯m7**

It's not the curtain closing causing us to call it a day.

| **F♯m7**

I want to walk away   too,

| **B7** |

But I want you to say you are sorry.

E | **C♯m7**

 I'm not the one who went and made a mistake.

| **F♯m7**

I want to walk away   too,

| **B7**   ‖

But I want you to say   you're sorry.

Bridge

E   **Esus4 E** | **B7** | **Dsus2**

I want the one   word   that you refuse to say to me.

                        | **C♯m7**

You're so good at giving me responsibility.

 | **E**   **Esus4 E** | **B7** | **Dsus2**

And I wash my hands clean   and let you watch me as I go.

                        | **C♯m7** | **Asus2**

And I'm sorry for   you, just so you know.

Chorus 3

        ‖**E** |**C♯m7**
It's not the curtain closing causing us to call it a day.

           |**F♯m7**
I want to walk away   too,

              |**B7** |
But I want you to say you are sorry.

E |**C♯m7**
 I'm not the one who went and made a mistake.

           |**F♯m7**
I want to walk away   too,

            |**B7** |
But I want you to say you are sorry.

E |**C♯m7**
(Say you're sorry.) Yeah.   (Say you're sorry.)

  |**F♯m7** |**B** |
Say. (Say you're sorry.) Say,   yeah. Ooh, ooh.

E   **Esus4**| |
(Say you're sorry.)   Come on, come on. (Say you're sorry.)

E   **Esus4**|**Tacet**   ‖
(Say you're sorry.   Say you're sorry.)

The Light

Words and Music by
Sara Bareilles

G   C   D   G4   Em   Am   D7

Em7   Am7   G/B   Cm/Eb   D/F#   D7sus4   A7

Verse 1

G   **|C**   **|**
In the morning it comes; heaven sent a hurricane.

D   **|Gsus4**   **G**   **|**
Not a trace of the sun, but I don't even run from rain.

Em   **|Am**
Beating out of my chest, my heart is holding on to you,

                    |C
From the mo - ment I knew,

                    |D   **||**
From the mo - ment I knew.

Verse 2

G   **|C**   **|**
You're the air in my breath, filling up my love-soaked lungs.

D7   **|Gsus4**   **G**   **|**
Such a beautiful mess, intertwined   and overrun.

Em7   **|Am7**
Nothing better than this, knowing that the storm can come.

        G/B|C
You feel just like the sun,

        |Cm/Eb
Just like the sun.

Chorus 1

       ‖ **Em**
And if you say

    D/F♯ |**G**
We'll be all right,

      |**C**
I'm gonna trust you, babe,

   |**Em**   **D/F♯**
Gonna look in your eyes.

     |**Am**
And if you say

   G/B |**C**
We'll be all right,

 |**D7sus4**
I'll   follow you

 |**D7**   ‖
Into the light.

Interlude   **G** |**Gsus4**   ‖

     G |**Gsus4**
Verse 3 Never mind what I knew; nothing seems to matter now.

   |**D/F♯** |**Gsus4** **G** |
Ooh, who I was without you; I can do without.

Em7 |**Am7**
 No one knows where it ends, how it may come tumbling down.

   G/B |**C**
But I'm here with you now.

 |**Cm/E♭**
I'm with you now.

Repeat Chorus 1

Bridge

Em |
    Let the world come rushing in,

A7 |
    Come down hard, come crashing.

C
All I need

 |**G**   **D/F♯** |
Is right here be - side me.

  Em |
    I'm not e - nough, I swear it,

A7 |**C**
    But take my love and wear it over

  |**Cm/E♭**
Your shoulders.

       ‖**Em**

Chorus 2
And if you   say

    D/F♯ |**G**
We'll be all right,

     |**C**
I'm gonna trust you, babe,

   |**Em**   **D/F♯**
Gonna look in your eyes.

      |**Am7**
And if you   say

   G/B |**C** |**D7sus4**
We'll be all right,

 |**D7** |**G**
I'll follow you into the light.

 |**Gsus4** |**G** |**Gsus4** |**G**   ‖
Mm,   the light,   the light.

Basket Case

Words and Music by
Sara Bareilles

(Use open-D tuning low to high: D-A-D-F♯-A-D)

Aadd4 Gadd2 D Bm7 Em7add4 Gadd2/D Gm(add2)/D Aadd4/D A D/F♯ Aadd4/C♯

Intro

|Aadd4 |Gadd2   D |Aadd4 |

|Gadd2 |D |

Verse 1

‖Aadd4 |Gadd2   D
I don't want to talk about it to you.
            |Aadd4 |Gadd2   D
I'm not an   open book that you can   rifle through,
       |Aadd4 |Bm7   Gadd2 |Em7add4
The cold, hard truth that you'll see right to.
              |D   Aadd4 |Gadd2
I'm just a basket case   without you.

Verse 2

‖Aadd4 |Gadd2   D
He's not a magic man or a perfect fit,
        |Aadd4 |Gadd2   D
But had a   steady hand and I got used   to it.
     |Aadd4 |Bm7   Gadd2 |Em7add4
And a glass cage heart and in - vited me in,
              |D   Aadd4 |Gadd2   ‖
And now I'm just a basket case   without him.

Chorus 1

D |**Gadd2/D** |

You're begging for the truth,

Gm(add2)/D |**D**   **Gadd2/D Aadd4/D**|

     So I'm saying it to you.

D |**Gadd2/D**

I've been saving your place

    |**Gm(add2)/D**

And what good does it do?

        |**D**   **Aadd4** |**Gadd2**

Now I'm just a basket case.

        |**D**   **Aadd4** |**Gadd2**

Now I'm just a basket case.

Verse 3

  ||**Aadd4** |**Gadd2**   **D**

I don't say much and it'll stay that way.

    |**Aadd4** |**Gadd2**   **D**

You got a   steel train touch and I'm just a track you lay.

   |**Aadd4** |**Bm7**   **Gadd2** |**Em7add4**

So I'll stay right here underneath you.

    |**D**   **Aadd4** |**Gadd2** ||

I'm just a basket case and that's what we do.

Chorus 2

D |**Gadd2/D** |

You're begging for the truth.

Gm(add2)/D |**D**   **Gadd2/D Aadd4/D**|

     So I'm saying it to you.

D |**Gadd2/D**

I've been saving your place

    |**Gm(add2)/D**

And what good does it do?

        |**D**   **Aadd4** |**Gadd2**

Now I'm just a basket case.

Bridge

‖**D** |

Won't somebody come on in and tug at my seams?

|**A** |

Oh, send your armies in of robbers and thieves

|**Bm7**   **Gadd2**

To steal the   state I'm in.

|**D/F♯** |**Gadd2**   **Aadd4** |**Bm7**   **Aadd4/C♯** ‖

I don't   want it anymore.

Repeat Chorus 2

‖**D**   **Aadd4** |**Gadd2**

Outro   Now I'm just a basket case.

|**D**   **Aadd4** |**Gadd2**

Now I'm just a basket case.

|**D**   **Aadd4** |**Gadd2**   ‖

Now I'm just a basket case.

Let the Rain

Words and Music by
Sara Bareilles

(Capo 3rd fret)

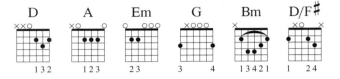

Intro   D |A |Em |G

Verse 1

          ‖D
I wish I were pretty.
       |A
I wish I were brave.
          |Em
If I owned   this city,
          |G
Then I'd make   it behave.

Verse 2

          ‖D
And if I   were fearless,
         |A
Then I'd speak   my truth,
         |Em
And the world   would hear this.
         |G
That's what I wish I'd do,
      |D |A
Yeah,   yeah,
      |Em |G
Yeah,   yeah.

Verse 3

    F   **‖D**
If my hands could hold them, you'd see.
          |A
I'd take all   these secrets in me
            |Em
And I'd move   and mold them to be
        |G
Something I'd set free.

Pre-Chorus

    F   **‖Bm**
I want to darken in the skies,
       |G
Open the floodgates up.
       |D
I want to change my mind.
      |A
I want to be enough.
        |Bm
I want the water in my eyes.
       |G
I want to cry until the end of time.

Chorus 1

      ‖D/F♯   **G**   **|D**   **A**   **|**
I want to let the rain come down, make a brand-new ground.
D/F♯   **G**   **|D**   **A**   **|**
Let the rain come down.
D/F♯   **G**   **|D**   **A**   **|**
Let the rain come down, make a brand-new ground.
D/F♯   **G**   **|A**   **|D**   **|A**
Let the rain come down tonight.

Verse 4

‖**D**
I hold on to worry. So tight.

|**A** |
It's safe in here right next to my heart.

Em
Now who shouts at the top of her voice?

|**G**
Let me go. Let me out. This is not my choice

Verse 5

‖**D**
And I always felt it before

|**A**
That the world was filled with much more

|**Em**
Than the drown - ing soul I've learned to be.

|**G**
I just need the rain to remind me.

Repeat Pre-Chorus

Chorus 2

‖**D/F♯**   **G** |**D**   **A** |
I want to let the rain come down, make a brand-new ground.

D/F♯   **G** |**D**   **A** |
Let the rain come down.

D/F♯   **G** |**D**   **A** |
Let the rain come down, make a brand-new ground.

D/F♯   **G** |**A**   ‖
Let the rain come down.

Repeat Chorus 2

Chorus 3

‖ **D/F♯**   **G** | **D**   **A** |
I want to let the rain   come down, make a brand-new ground.

D/F♯   **G** | **D**   **A** |
Let the rain   come down.

D/F♯   **G** | **D**   **A** |
Let the rain   come down, make a brand new-ground.

D/F♯   **G** | **A** | **D**   ‖
Let the rain   come down   tonight.

Machine Gun

Words and Music by
Sara Bareilles

(Capo 1st fret)

E　　G#m/B　　C#m7　　A　　B7sus4　　E4/F#　　E/G#　　Asus2/C#

Am　　D7　　G　　Csus2　　Csus2/D　　D　　D7sus4　　Em

C　　C/B　　C/A　　D/F#　　D/C　　G/B　　C/E　　Am/C

Intro

E　　　　　|G#m/B　　　　|E　　　　　|G#m/B　　　　||

Verse 1

E　　　　|G#m/B　　　|C#m7　　|G#m/B　　　|
Tell me off in a letter; completely ig - nore me.

E　　　　|G#m/B　　　|C#m7　　　　|
Getting high off of saying why you don't a - dore me.

A　　　　B7sus4　　|
Baby, please.

E　　|Esus4/F#　|E/G#　　　　|Asus2/C#　|
I'm well versed in　how I might be cursed;

|E　　|B7sus4　　　|
I don't need it ar - ticulated.

E　　　　|G#m/B　　　|E　　　　|G#m/B　　　||

Verse 2

```
E                        |G♯m/B              |C♯m7      |G♯m/B     |
   Stand in line wasting all of your time just to hate me.
E                        |G♯m/B                  |C♯m7
   Every dime gone to ways you can find that might bait me
   |A            B7sus4   |
And drag me down.
E       |Esus4/F♯ |E/G♯          |Asus2/C♯
Sight set proudly;    bring me to the ground, see.
     |E       |Am             |D7      |           ||
You love to be      somebody's enemy.
```

Chorus 1

```
G              |Csus2        Csus2/D      |D       |D7sus4 |
   Maybe nobody loved you when you were young.
G                        |Csus2 Csus2/D |D        |D7sus4 |
   Maybe, boy, when you cry,    nobody    ever comes.
Am                     |Em               |C        |C/B  C/A
   Will you try it once?    Give up the ma - chine gun.
   |C         |D             |
Ma - chine gun.
E               |G♯m/B          |E              |G♯m/B          ||
Yeah.
```

Verse 3

```
E                        |G♯m/B            |C♯m7      |G♯m/B     |
   Locked and loaded, you're practically floating a - way now.
E                   |G♯m/B                |C♯m7
   In your fortress, you feel like you're more or less safe now.
   |A         B7sus4   |
But let me say,
 |E         |Esus4/F♯     |E/G♯        |Asus2/C♯          |E              |
I don't mean harm, oh, but baby, you'd be charming if you'd come undone.
Am               |D7          |           ||
   Get back where you started from.
```

Chorus 2

```
G              |Csus2         Csus2/D        |D        |D7sus4 |
   Maybe nobody loved you when you were young.
G                       |Csus2 Csus2/D |D        |D7sus4 |
   Maybe, boy, when you cry,    nobody    ever comes.
Am                      |Em                |C          |C/B  C/A
   Will you try it once?    Give up the ma - chine gun.
   |C          |D             ||
Ma - chine gun.
```

Bridge

```
Am                          |
   Never mind how you've rationed your time,
   |D/F♯              |D     D/C    |
And the battle is underway.
G   |C     G/B |C/E          |C    G/B |
Maybe times are  gonna change.
Am                          |
   Don't just hide in the silence behind
             |D/F♯                    |D        |
What you've really been trying to say.
E    |G♯m/B      |E        |G♯m/B |
  Yeah,        yeah.
E                     | Esus4/F♯
   What a skill, baby, aiming to kill me
   |E/G♯          |Am/C |D7       |        ||
With words you don't mean.
```

Chorus 3

```
         G                   |Csus2       Csus2/D          |D        |D7sus4  |
         Maybe  nobody  loved  you  when  you  were  young.
         G                   |Csus2  Csus2/D|D            |D7sus4  |
         Maybe,  boy,  when  you  cry,      nobody    ever  comes.
         Am                  |Em               |C        |C/B  C/A  |
         Will  you  try  it  once?    Give  up  the  ma - chine  gun.
         Am                  |Em               |C        |C/B  C/A  |
         Will  you  try  it  once?    Give  up  the  ma - chine  gun.
         Am                  |Em               |C        |C/B  C/A
         Will  you  try  it  once?    Give  up  the  ma - chine  gun.
         |C        |D              ||
         Ma - chine  gun.
```

Outro

```
         E              |G♯m/B       |E              |G♯m/B            |
         Yeah.
         E          |G♯m/B       |E              |G♯m/B           |E         ||
```

Not Alone

Words and Music by
Sara Bareilles

(Capo 3rd fret)

Am C+/G# C/G F#m7♭5 F E7 Fm/A♭

E E+ Am/G D7/F# F6 C

Intro

Am

(Woo, hoo.)

Verse 1

‖Am |C+/G#
It comes a-calling in the evening
  |C/G |F#m7♭5
When the temperature is dropping out.
        |F |E7
They said it don't get cold here,
                    |Am |
But I beg to differ   now.

Verse 2

      ‖Am |Fm/A♭
There is something in the shadows
  |C/G |F#m7♭5
More   than sister silhou - ette,
        |F |E7
Something sinister and strange
                    |Am |
That I haven't seen   yet.

Chorus 1

                                   ‖**C** |**E7**
And I don't wanna be   alone.

     |**Am** |**F**
Sky,   don't let the sun go.

               |**C**
I'm not read - y for the darkness;

   |**E7** |**Am** |
Swear   upon a heartless soul.

                          |**C** |**E7**
And I don't want to cry   when you go.

   |**Am** |**F**
Stay   a little longer. You know,

              |**C** |**E7**
You're making me feel

              |**Am** | | |
I'm not alone.   Ooh.

Verse 3

                      ‖**Am** |**C+/G♯**
You don't have   to fight the bad guys,

    |**C/G** |**F♯m7♭5**
Throwing punches out into the black.

        |**F** |**E7**
If you have to tell me lies, I don't care;

                  |**Am** |
Just give me some good   back.

Chorus 2

‖**C** |**E7**
I don't wanna be   alone.

|**Am** |**F**
Sky,   don't let the sun go.

|**C**
I'm not read - y for the darkness;

|**E7** |**Am** |
Swear   upon a heartless soul.

|**C** |**E7**
And I don't want to cry   when you go.

|**Am** |**F**
Stay   a little longer. You know,

|**C** |**E7**
You're making me feel

|**Am** |
I'm not alone.   No.

Bridge

‖**F** |
And if I only wor - ry 'bout it, worry 'bout it, worry 'bout it,

|**C** |
I just keep break - ing down, breaking down, breaking down.

|**F** |
Boy, I can do without, do without, do without

|**E** |
A night of the bad dreams,

|**E** |
Sad things.

E+ |**E**   ‖
  Tell me what that means.

Interlude   **Am**   **C+/G♯** |**Am/G** **D7/F♯** |**F6** |**E**

Chorus 3

‖**C** |**E7**
I don't wanna be   alone.

|**Am** |**F**
Sky,   don't let the sun go.

|**C**
I'm not read - y for the darkness;

|**E7** |**Am** |
Swear   upon a heartless soul.

|**C** |**E7**
And I don't want to cry   when you go.

|**Am** |**F**
Stay   a little longer. You know,

|**C** |**E7**
You're making me feel

|**Am** |**F**
The monsters aren't real.

|**C** |**E7**
You're making me feel

|**Am** | | |
I'm not alone.   (Woo, hoo.)

|**Am** | | | ‖
I'm not alone.   Ooh.   (Woo, hoo.)

Breathe Again

Words and Music by
Sara Bareilles

F5   C4   Gm7sus4   Dm7   B♭sus2   F/A   C5

E♭$^6_9$ D♭maj13   A♭$^6_9$ B♭$^6_9$ Fsus2/A   C   B♭maj7

Intro

|F5 |Csus4 |Gm7sus4 |Dm7 |

|F5 |Csus4 |Gm7sus4 |Dm7 |

Verse 1

||F5 |Csus4
Car is parked,   bags are packed,

                   |Gm7sus4 |Dm7
But what kind of heart   doesn't look back?

        |B♭sus2 |Csus4
At the com   -   fortable glow from the porch,

        |Dm7 |
The one I will still   call yours.

Verse 2

||F5 |Csus4
All those words   came un   -   done

    |Gm7sus4 |Dm7
And now I'm   not the only one

     |B♭sus2
Facing the ghosts   that decide

|Csus4 |Dm7 |
If the fire inside still   burns.

Chorus 1

‖B♭sus2 |Csus4

All I have,   all I need.

    |F/A |B♭sus2

He's the air I would kill to breathe.

        |B♭sus2 |Csus4

Holds my love   in his hands,

    |F/A |B♭sus2

Still I'm searching for something.

        |B♭sus2 |Csus4 |F5 |

Out of breath,   I am left hoping some - day I'll breathe again,

Csus4 |Gm7sus4 |Dm7 |

    I'll breathe again.

F5 |Csus4 |Gm7sus4 |Dm7

Verse 3

    ‖F5 |Csus4

Open up   next to   you,

      |Gm7sus4 |Dm7

And my se   -   crets become your truth.

      |B♭sus2 |Csus4

And the dis -   tance between that was sheltering me

    |Dm7 |

Comes in   full view.

Verse 4

    ‖F5 |Csus4

Hang my head, break my heart;

     |Gm7sus4 |Dm7

Built from all   I have torn   apart.

     |B♭sus2 |Csus4 |

And my bur -   den to bear is a love   I can't carry

Dm7 |

    Anymore.

Chorus 2

‖B♭sus2 |C5

All I have,   all I need.

   |F/A |B♭sus2

He's the air I would kill to breathe.

   |B♭sus2 |C5

Holds my love   in his hands,

  |F/A |B♭sus2

Still I'm searching for something.

   |B♭sus2 |C5   ‖

Out of breath,   I am left hoping some - day I'll breathe again.

Bridge

E♭§₉ D♭maj13 |A♭§₉   B♭sus2 |

  Ooh,   it hurts to be here.

E♭§₉ D♭maj13 |A♭§₉   B♭sus2 |

  Ah,   I only want - ed love from you.

E♭§₉ D♭maj13 |A♭§₉   B♭sus2 |

  Ah,   it hurts to be here.

F/A   B♭sus2   Csus4 |

What am I gonna do?

Chorus 3

‖B♭sus2 |Csus4

All I have,   all I need.

  |Fsus2/A |B♭§₉

He's the air I would kill to breathe.

   |B♭§₉ |Csus4   C

Holds my love   in his hands,

  |F/A |B♭maj7

Still I'm   searching.

Chorus 4

F ‖B♭sus2 |C5
All I have,   all I need.

   |F/A |B♭sus2
He's the air I would kill to breathe.

    |B♭sus2 |C5
Holds my love in his hands,

    |F/A |B♭sus2
I'm still, I'm searching for something.

    |B♭sus2 |C5   ‖
Out of breath, I am left hoping some - day

F

Outro

F5 |Csus4 |
 I'll breathe again. I'll breathe again.

Gm7sus4 |Dm7 |
  I'll breathe again. I'll breathe again.

F5 |Csus4 |Gm7sus4 |Dm7   ‖
 I'll breathe again. I'll breathe again.

Bluebird

Words and Music by
Sara Bareilles

C   C/B♭   Dm   Dm/A   Fm6/A♭   F   A♭   Gm/B♭   F/A   Fm/A♭

Fsus2   Cadd4/E   Dm7add4   Am7   Em   G7sus4   C/E   Dm7

Intro

C | C/B♭ | Dm | |

C | C/B♭ | Dm | ||

Verse 1

C | C/B♭ | Dm | |
Word came through in a letter,

C | C/B♭ | Dm |
One of us changing our minds.

| C | C/B♭ | Dm/A | Fm6/A♭
You won't need to guess who, since I usually do

| F | | A♭ | ||
Not send letters to me that are mine.

Verse 2

C | Gm/B♭ | Dm |
I told him I saw this coming,

| C | Gm/B♭ | Dm |
That I'd practically packed up my things.

| C | Gm/B♭ | F/A | Fm/A♭
I was glad at the time that I said I was fine,

| F | | Fm/A♭ |
But all honesty knows, I wasn't ready, no.

Chorus 1

|| **Fsus2** | **Cadd4/E** | **Dm7add4** | |

And so,   here we go, bluebird,

C | **Am7** | **Em** | | |

Back to the sky on your own.

Fsus2 | **Cadd4/E** | **Dm7add4** | |

Oh,   let him go, bluebird,

Fsus2 | |

Ready to fly,

G7sus4 | | **C** | **Gm/B♭** | **Dm** |

You and I. Here we go.

| **C** | **Gm/B♭** | **Dm** | ||

Here we go.

Verse 3

C | **Gm/B♭** | **Dm** |

This pair of wings   worn and rusted

| **C** | **Gm/B♭** | **Dm** |

From too many years   by my side.

| **C** | **Gm/B♭** | **F/A** | **Fm/A♭**

They can carry me, swear to be sturdy and strong.

| **F** | | **Fm/A♭** | **Fm6/A♭**

But see, turning them on still means   goodbye.

Chorus 2

‖ **F** |**C/E** |**Dm7** | |
And so,   here we go,   bluebird;

C |**Am7** |**Em** | |
Gather your strength and rise up.

Fsus2 |**Cadd4/E** |**Dm7add4**| |
Oh,   let him go, bluebird,

Fsus2 |**Cadd4/E** |**Dm7add4**| **Cadd4/E** |
Oh,   let him go, bluebird,

Fsus2 |**Cadd4/E** |**Dm7add4**| |
Oh,   let him go, bluebird,

Fsus2 | | |
Ready to fly,

G7sus4 | |**C** |**C/B♭** |**Dm** |
You and I. Here we go.

    |**C** |**Gm/B♭** |**Dm** |
Here we go.

  |**C** |**Gm/B♭** |**F/A** |**Fm/A♭** |**C**   ‖
Here   we go.

Stay

Words and Music by
Sara Bareilles

G   D   A   Bm   Gmaj7   Gm   F#   Bm/A   A/C#

Intro
G |D |A |Bm |G ||
           Ah,   ay.

Verse 1
          D |A |
          Saturday,   empty room,
Bm |Gmaj7 |
          Filled with people   you don't mean a thing to.
          D |A |
          You and I,   holding hands.
Bm |Gmaj7 |
          Nobody knows,   nobody understands.
          |D |A |
          I don't care for sunlight. It only means it's over
Bm |G |Gm ||
          And I'm in no mood   for that.

Chorus 1

D |F♯ |
Stay   tonight.

Bm |G |
   Don't come, morning;   don't come, light.

D |F♯ |
   They may   be lies.

Bm   Bm/A |G
Say it, say that we'll be al - right

    |Gm   ‖
If we stay tonight.

Verse 2

D |A |Bm
    My hands are shak - ing.

    |G |D
This is a   complicated love we're mak - ing.

      |A |
Keep your eyes closed; I've seen it, baby.

Bm   Bm/A |G |Gm   ‖
   I've seen where this goes.   Oh.

Repeat Chorus 1

Bridge

D |Gm |

Gonna feel it, baby.

D |Gm |D

Oh, I don't wanna cry.

           |A/C♯ |G

I know we'll get to tomorrow and say goodbye.

   |Gm |

And that's why I'm asking you for

D |A |Bm |G

Tonight.

   |D |F♯ |Bm Bm/A |G   Gm ||

Ah,   ooh.

Chorus 2

D |F♯ |

Stay   tonight.

Bm |G |

Don't come, morning;   don't come, light.

D |F♯

They may   be lies,

   |Bm   Bm/A |G |

But   say that we'll be alright. (Say that we'll be alright.)

Bm   Bm/A |G   Gm |D ||

Say that we're   gonna be al - right   tonight.

Lie to Me

Words and Music by
Sara Bareilles

Em   G   Cmaj7   Am   C   D

Verse 1

Em |**G** |**Cmaj7** | |
    Tell the truth,   no lies; I   can take it.

Em |**G** |**Cmaj7** | |
    Burned your breath   just this once.

Em |**G** |**Cmaj7** | |
    Run your mouth;   I bet I   can catch it.

Em |**G** |**Cmaj7** |
    You sound just   like a Judas.

Chorus

    ||**Em** |**G**
And if there's anything I learned that will keep me stand - ing,

    |**Am**   **C** |
If I take you at your word then I'm empty hand - ed.

    |**D**   **Am** |
A tongue like yours should be burned and brand - ed

    |**C**   **Em** |
So I can see you lie to me.

    |**Em**   **G** |
I wish the air would color red when you breath it   in

    |**Am**   **C** |
So I could have seen it com - ing.

    |**D**   **Am** |
Look in my eyes when you say you love me

    |**C**   **G** |
So I can see you lie to me.

Interlude 1

||**N.C.** | | |

Woh, woh.   Woh,   woh.

    | | | | ||

Woh, woh.   Woh,   woh.

Interlude 2

Em |**G** |**Cmaj7** | |

Em |**G** |**Cmaj7** | ||

Verse 2

Em |**G** |**Cmaj7** | |

Lost be found,   I'm a bloodhound born   for seeking.

Em |**G** |**Cmaj7** | |

    Poor prey,   you must be   tired.

Em |**G** |**Cmaj7** |**Am**

    Stood your ground   but your airtight drums   were bleeding.

Em |**G** |**Cmaj7** |

    And now it's all   on fire.

Repeat Chorus

Outro

      ||**Em**   **G** | |**Am**   **C** |

Woh,   woh.   Woh,   woh.

     |**D**   **Am**| |**C**   **G** | ||

Woh,   woh.   Woh,   woh.

Sweet as Whole

Words and Music by
Sara Bareilles

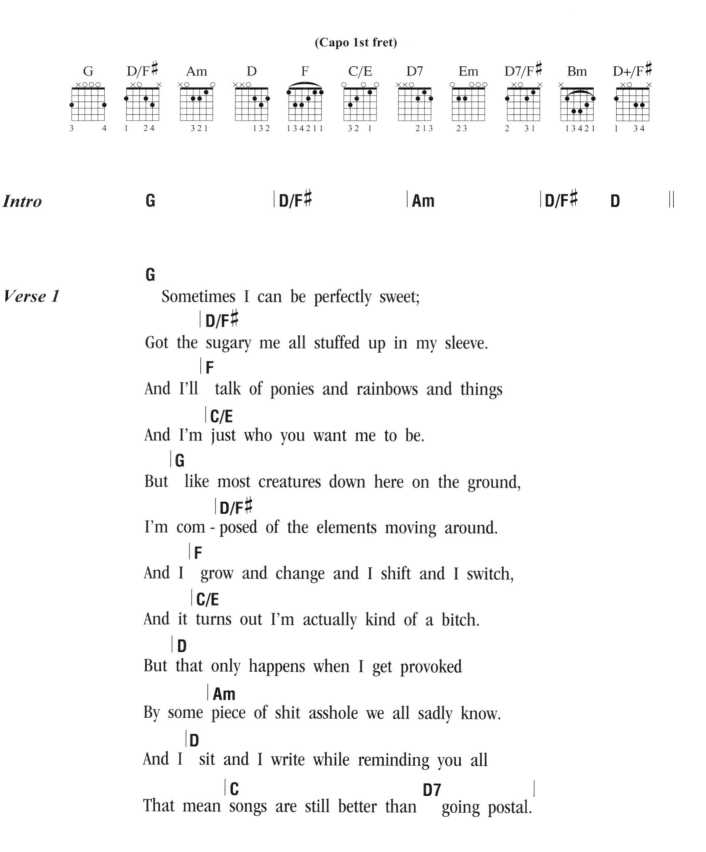

(Capo 1st fret)

G   D/F#   Am   D   F   C/E   D7   Em   D7/F#   Bm   D+/F#

Intro   **G** |**D/F#** |**Am** |**D/F#**   **D**   ‖

Verse 1

G

Sometimes I can be perfectly sweet;

|**D/F#**

Got the sugary me all stuffed up in my sleeve.

|**F**

And I'll talk of ponies and rainbows and things

|**C/E**

And I'm just who you want me to be.

|**G**

But like most creatures down here on the ground,

|**D/F#**

I'm com - posed of the elements moving around.

|**F**

And I grow and change and I shift and I switch,

|**C/E**

And it turns out I'm actually kind of a bitch.

|**D**

But that only happens when I get provoked

|**Am**

By some piece of shit asshole we all sadly know.

|**D**

And I sit and I write while reminding you all

|**C**   **D7** |

That mean songs are still better than   going postal.

Chorus 1

‖G
And that guy's an ass - hole

|D/F♯
And that girl's a bitch.

|Am
Baby, it's natural;

|C/E   D/F♯
No getting a - way from it.

|G
So sing it out with me

|D/F♯ |
And then let it go.

Am |D/F♯ |G |D/F♯
Fuck that guy; he's just an asshole.   Oh, asshole,

|Am |D7/F♯   D
Ass - hole, ass - hole.

Verse 2

‖G
I see I've surprised you with some of my words,

|D/F♯
And I know that surprises, while fine, still can hurt.

|F
And I hate to think I have ruined the day

|C/E
Of the Dick and the Queen of the high horse parade.

|G
But I'm sick and tired of your poisonous ways.

|D/F♯ |
You're a toxin wasting perfectly good space.

F
  And I say what I think

|C/E   D/F♯ |
'Cause it's more economic than drugs or a drink.

Chorus 2

‖G
And that guy's an ass - hole

|D/F♯
And that girl's a bitch.

|Am
Baby, it's natural;

|C/E　　　D/F♯
No getting a - way from it.

|G
So sing it out with me

|D/F♯　　　　|
And then let it go.

Am　　　　　|D7/F♯　　　　‖
Fuck that guy; he's just an asshole.

Bridge

Em　　　　　　　　　　|Bm　　　　|Am
　And I won't let him in,　　under my skin.

　　　　　　　　　　|Em　　　D/F♯　　|
You're a sad sack of shit;　　it's pa - thetic.

Am　　　　　　　|Em　　　　　　　　|C
　Just a festering sore　　who will never be more　than that

|D+/F♯　　D7/F♯　|N.C.
If I don't let it.

102

Chorus 3

‖**G**
And that guy's an ass - hole (That guy's an asshole.)

│**D**
That girl's   a bitch. (That girl's a bitch.)

│**Am**
Baby, it's natural. (Baby, it's natural.)

│**C/E**   **D/F♯**
No getting a - way from it.

│**G**
So sing it out with me. (Sing it out with me.)

│**D**   │
And then let it go. (Then let it go.)

Am   │**D/F♯**
Fuck that guy; he's just an asshole.

Chorus 4

‖**G**
That guy's an ass - hole. (That guy's an asshole.)

│**D**
That girl's   a bitch. (That girl's a bitch.)

│**Am**
Baby, it's natural. (Baby, it's natural.)

│**D**
No getting a - way from it.

│**G**
Sing it out with me. (Sing it out with me.)

│**D**   │
Then let it go. (Then let it go.)

Am   │**D/F♯**   │**G**   │   ‖
Fuck that guy; he's just an asshole.

Bright Lights and Cityscapes

Words and Music by
Sara Bareilles

(Capo 5th fret)

C   C/D   C/E   C/F   C/A   C/G   Em/G   C/B   G   Am   G/B

Intro

| C | C/D | C/E | | C/F | | | C | C/D | C/E | | C/A | | |

| C/G | | | C/F | | | | |

Verse 1

C C/D C/E |C/F |
Hold my breath and I'll count to ten.

C C/D C/E |C/F |
I'm the paper and you're the pen.

C C/D |C/F |C C/D
You fill me in; you are per - manent.

C/E |C/A |C/G |C/F | ||
Then you leave me to dry.

Verse 2

C C/D C/E |C/F |
I'm the writer and she's the muse;

C C/D C/E |C/F |
I'm the one that you al - ways choose.

C C/D C/E |C/F |
She will falter and gift her blame.

C C/D C/E |C/A |C/G |C/F |
And it starts all o - ver again, again, again, again, again.

Chorus 1

‖C/E |C/F
She is bright lights

 |C/G |C/A |
And cityscapes

C/E |C/F
   And white lies

 |C/G |Em/G
And cavalcades.

         |C/A   C   C/G |C/F |
And she'll take all   you ever   have,

C/E |C/A
   But I'm gonna love   you.

      |C/A   C   C/G |C/F
You say may - be   it'll last   this time,

 |C/E |C/A
But I'm gonna love   you.

    |C/A   C   C/G |C/F |
You nev - er have   to   ask.

C/E |C/A
   I'm gonna love   you

 |C/A C/B   C |C/F |
Till you start looking   back.

G |Am |G/B |
I'm gonna love you so right,

G/B   ‖
   I wouldn't need a second chance.

Interlude 1

C   C/D   C/E |C/F |C   C/D   C/E |
              Mm.

C/A |C/G |C/F | ‖
   Ay, yi, yi, yi, ooh.

Verse 3

```
C                    C/D           C/E              |C/F              |
     Shield your eyes from the truth at hand.

C            C/D        C/E |C/F            |
     Tell me why it'll be      good again.

C            C/D      C/E      |C/F         |
     All those demons are clos - ing in,

C      C/D C/E                |C/F          |
     And I    don't want you      to burn.

C        C/D            C/E          |C/F    |
     Never mind what I    said be - fore.

C            C/D             C/E      |C/F         |
     I don't want any less    any - more.

C            C/D          C/E |C/F             |
     You are carbon and I        am flame.

C    C/D      C/E      |C/F              |
     I will rise    and you will

C/A            |C/G             |C/F          |
     Remain.
```

Chorus 2

```
      || C/E            | C/F
For  bright  lights
      | C/G          | C/A
And  cityscapes
      | C/E            | C/F
And      landslides
      | C/G             | Em/G
And  masquerades,
                  | C/A  C    C/G  | C/F              |
And  she'll  take  all    you  ever       have,
C/E                              | C/A
   But  I'm  gonna  love        you.
       | C/A    C    C/G      | C/F
You  say  may - be    it'll  last       this  time,
      | C/E                | C/A
But  I'm  gonna  love        you.
      | C/A   C          C/G  | C/F                |
You  nev - er  have        to      ask.
C/E                | C/A
   I'm  gonna  love  you
      | C/A  C/B   C          | C/F            ||
Till  you  start  looking       back.
```

Interlude 2

```
C     C/D   C/E    | C/F                        | C     C/D   C/E      |
   Ooh.
C/A              | C/G    | C/F            |
   Ah,              ooh.
```

Outro

C/F || C   C/D   C/E |
I wouldn't need a second chance.

C/F | C/A   C   C/G |
I wouldn't need a second chance.

C/F | C/E   C/F   C/A |
I wouldn't need a second chance.

C/G | C/A   C/B   C | C/F ||
I wouldn't need a second chance.

Winter Song

Words and Music by
Sara Bareilles and Ingrid Michaelson

(Capo 1st fret)

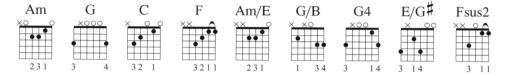

Intro

| Am   G   C | F | Am/E   Am | ‖

Am   **G/B**   **C** |
Bum bum bum bum bum bum bum bum

                              F |
Bum bum bum bum bum bum

        Am/E   **Am** | ‖
Bum bum bum bum bum bum.

Verse 2

Am   **G/B**   **C** |
This is my win - ter song to you.

                    F | **Am/E**   **Am** | |
The storm is com - ing soon; it rolls in from the sea.

Am   **G/B**   **C** |
My voice, a bea - con in the night.

                    F | **Am/E**   **Am** |
My words will be your light to car - ry you to   me.

Pre-Chorus 1

‖ F
Is love a - live?

| Gsus4
Is love a - live?

| Am   G/B   C | F | Am/E   Am | ‖
Is love…

Verse 2

Am   G/B   C |
They say that things just can - not grow

       F | Am/E   Am | |
Beneath the win - ter snow, or so I have been told.

Am   G/B   C |
They say we're bur - ied far,

     F | Am/E   Am |
Just like a dis - tant star I sim - ply can - not hold.

Pre-Chorus 2

‖ F
Is love a - live?

| Gsus4
Is love a - live?

| C | ‖
Is love a - live?

Chorus

Am   E/G♯ |F   Gsus4 |
    This is   my win - ter song.

Am   E/G♯ |F   Gsus4 |
   Decem - ber never felt so long,

Am   E/G♯ |F |
   'Cause you're not   where you belong,

Gsus4 |C   ‖
In - side my arms.

Interlude

```
        Am              G/B       C   |
Bum bum bum bum bum bum bum bum
                        F   |
Bum bum bum bum bum bum
              Am/E      Am  |              ||
Bum bum bum bum bum bum.
```

Verse 3

```
        Am           G/B       C  |
I still believe in sum - mer days.
                  F   |            Am/E   Am |          |
The seasons al - ways  change and life will find a    way.
        Am           G/B     C  |
I'll be your har - vester of light
                  F |           Am/E    Am  |
And send it out    tonight so we can start a - gain.
```

Repeat Pre-Chorus 2

Repeat Chorus

Verse 4

```
        Am            G/B      C  |
This is my win - ter song to you.
                    F  |            Am/E   Am|              |
The storm is com - ing  soon; it rolls in from the sea.
        Am           G/B     C  |
My love, a bea - con in the night.
                  F   |            Am/E   |Gsus4   G
My words will be your  light to car - ry you to me.
```

‖ **C**　　　　　 | **Fsus2**

Is love a - live? Is love a - live?

| **Am**　　　　　 | **Gsus4**

Is love a - live? Is love a - live?

| **C**　　　　　 | **Fsus2**

Is love a - live? Is love a - live?

| **Am**　　　　　 | **Gsus4**

Is love a - live? Is love a - live?

| **C**　　　　　 | **Fsus2**

Is love a - live? Is love a - live?

| **Am**　　　　　 | **Gsus4**

Is love a - live? Is love a - live?

| **C**　　　　　 | **N.C.**

Is love a - live? Is love a - live?

|　　　　　 |　　　　 ‖

Is love a - live? Is love a - live?

August Moon

Words and Music by
Sara Bareilles

(*Tuning: D-A-D-G-A-E; Capo 3rd fret)

D G^6_9/D   G6sus2   Dadd$^4_2$ Bm7add$^{\flat 6}_4$ A7sus4   Em7add4   E7add4

Intro

D | ||

Verse 1

D | |

  I must be   crazy;

G^6_9/D | |

  I can't see   straight anymore.

G6sus2 | |**Dadd$^4_2$** | ||

  I'm ten feet   from your door.

Verse 2

D | |

  Surprise, dear,   you both don't know

G^6_9/D | |

  That I'm here   watching alone.

G6sus2 | |**Dadd$^4_2$** |

  My worst fear,   now I'm home.

*To get into this tuning, drop the 6th string until it sounds an octave lower than the open
4th string, and drop the 2nd string until it sounds an octave higher than the open 5th string.

Chorus 1

‖ **Bm7add$^{\flat 6}_{4}$** |**A7sus4**

Such a cruel,

   |**Em7add4** |

Such a cruel   heart,

   |**G6sus2** |**A7sus4**   ‖

Such a cruel,   cruel   heart.

Interlude

D | |**G$^{6}_{9}$/D** | |

G6sus2 | |**Dadd$^{4}_{2}$** | ‖

Verse 3

D | |

  Her eyes, they   shine on you

G$^{6}_{9}$/D | |**G6sus2**

   While I stay   under the Au   -   gust moon,

     | |**Dadd$^{4}_{2}$** | ‖

And I pray   sleep comes soon.

Verse 4

D | |**G$^{6}_{9}$/D**

  Why did   I come   here?

            |**G$^{6}_{9}$/D** |**G6sus2**

Look what you've   undone,   dear;

    |**G6sus2** |**Dadd$^{4}_{2}$** |

Once two,   now one   here.

Chorus 2

           ‖**Bm7add**$^{\flat 6}_{4}$ |**A7sus4**

Just a cruel,

           |**Em7add4** |

Just a cruel   heart,

        |**G6sus2** |**A7sus4** |**Dadd**$^{4}_{2}$ | ‖

Just a cruel,   cruel   heart.

Bridge

E7add4 | |

    I know what I'm gonna say;

G6sus2 | |

    When I go, who I'm gonna blame

Bm7add$^{\flat 6}_{4}$ |**A7sus4** |**G6sus2** | |

    In this pain,   in this goodbye,

E7add4 | |

    I'm brave, broken down.

G6sus2 | |

    And I crave the very ground

Bm7add$^{\flat 6}_{4}$ |**A7sus4**

    That I'm slave   to.

  |**G6sus2** | ‖

And I'll cry on.

Verse 5

D | |

    I'm ten feet from your door.

G$^{6}_{9}$**/D** | |

    My heartbeat, not anymore.

G6sus2 | |**Dadd**$^{4}_{2}$ |

    I'm empty and not   yours.

Chorus 3

||**Bm7add$^{\flat 6}_4$** |**A7sus4**

Just a cruel,

|**Em7add4** |

Just a cruel   heart,

|**G6sus2** |**A7sus4**

Just a cruel,   cruel,

|**Em7add4** |

Cruel   heart.

|**G6sus2** |**A7sus4** |**D** | |

Just a cruel,   cruel   heart.

G$^6_9$/D | |**G6sus2** |**A7sus4** |**Dadd$^4_2$** ||

STRUM & SING WITH cherry lane music company

GUITAR

SARA BAREILLES
00102354...$12.99

ZAC BROWN BAND
02501620...$12.99

COLBIE CAILLAT
02501725...$14.99

CAMPFIRE FOLK SONGS
02500686...$10.99

CHRISTMAS CAROLS
02500631...$6.95

COUNTRY
02500755...$9.95

JOHN DENVER COLLECTION
02500632...$9.95

50 CHILDREN'S SONGS
02500825...$7.95

THE 5 CHORD SONGBOOK
02501718...$9.99

FOLK SONGS
02501482...$9.99

FOLK/ROCK FAVORITES
02501669...$9.99

40 POP/ROCK HITS
02500633...$9.95

THE 4 CHORD SONGBOOK
02501533...$10.99

HITS OF THE '60S
02501138...$10.95

HITS OF THE '70S
02500871...$9.99

HYMNS
02501125...$8.99

JACK JOHNSON
02500858...$14.99

DAVE MATTHEWS BAND
02501078...$10.95

JOHN MAYER
02501636...$10.99

INGRID MICHAELSON
02501634...$10.99

THE MOST REQUESTED SONGS
02501748...$10.99

JASON MRAZ
02501452...$14.99

ROCK BALLADS
02500872...$9.95

THE 6 CHORD SONGBOOK
02502277...$10.99

UKULELE

COLBIE CAILLAT
02501731...$10.99

JOHN DENVER
02501694...$10.99

JACK JOHNSON
02501752...$10.99

JOHN MAYER
02501706...$10.99

INGRID MICHAELSON
02501741...$10.99

THE MOST REQUESTED SONGS
02501453...$10.99

JASON MRAZ
02501753...$14.99

SING-ALONG SONGS
02501710...$10.99

See your local music dealer or contact:

cherry lane music company

EXCLUSIVELY DISTRIBUTED BY
HAL•LEONARD® CORPORATION

7777 W. BLUEMOUND RD. P.O. BOX 13819 MILWAUKEE, WI 53213

Prices, content, and availability subject to change without notice.